WERNER SCHIFFAUER

Parallelgesellschaften

Für Clara

Werner Schiffauer

Parallelgesellschaften

Wie viel Wertekonsens braucht unsere Gesellschaft?
Für eine kluge Politik der Differenz

[transcript] X T E X T E

Bibliografische Information der Deutschen Nationalbibliothek
Die Deutsche Nationalbibliothek verzeichnet diese Publikation in der Deutschen Nationalbibliografie; detaillierte bibliografische Daten sind im Internet über http://dnb.d-nb.de abrufbar.

Umschlaggestaltung: Kordula Röckenhaus, Bielefeld
Korrektorat: Christian Köhler, Paderborn; Jennifer Niediek, Bielefeld
Satz: Justine Haida, Bielefeld
Druck: Druckkollektiv GmbH, Gießen
ISBN 978-3-89942-643-4

Gedruckt auf alterungsbeständigem Papier mit chlorfrei gebleichtem Zellstoff.

Besuchen Sie uns im Internet: *http://www.transcript-verlag.de*

Bitte fordern Sie unser Gesamtverzeichnis und andere Broschüren an unter: *info@transcript-verlag.de*

Inhalt

I. »Parallelgesellschaften« – Wie viel Wertekonsens braucht unsere Gesellschaft?

Über »Parallelgesellschaft« und »Leitkultur« wird seit einigen Jahren intensiv und vor allem sehr emotional gestritten. Dabei wiederholen sich die Argumente. Um nicht in diesem Zirkel verfangen zu bleiben, lohnt es sich, die entscheidenden Positionen zu rekapitulieren, die sich ziemlich verständnislos einander gegenüberstehen. Drei Positionen lassen sich unterscheiden:[1]

I. Eine erste Position beschwört das Scheitern der Integration und zeichnet ein düsteres Bild von den Einwanderervierteln unserer Großstädte. Dort hätten sich Parallelgesellschaften eingenistet, also Welten, die sich zunehmend von der Mehrheitsgesellschaft abkoppeln. In ihnen gelten eigene Regeln – nämlich die des Islams und die archaischer Stammeskulturen.[2] Dort herrschten patriarchale Verhältnisse, würden die Ehefrauen weggesperrt, die Mädchen zwangsverheiratet, die Jungen zu Machos erzogen. In dieser Welt orientiere man sich am Wertesystem der Ehre. Eine besonders problematische Rolle spielten die islamischen Gemeinden. In den Moscheen entstünden islamische Welten, die die westliche Kultur und Gesellschaft ablehnen. Mädchen, die sich dem Zwang, Kopftuch zu tragen, widersetzen, würden gemobbt. Hassprediger verbreiteten antisemitische Hetzreden und verkündeten eine bevorstehende islamische Revolution. Dies sei der Nährboden, auf dem Gewalt gedeihe, die sich früher oder später entladen werde.

II. Alles nicht so problematisch, meinen die Vertreter eines zweiten Lagers. »Parallelgesellschaften« seien schließlich ein Phänomen, das in jeder Einwanderergesellschaft auftrete. Sie verweisen auf die Chinatowns in den USA oder Kanada und auf die Tatsache, dass die deutschen Sorgen über Parallelgesellschaft Amerikanern oder Kanadiern kaum verständlich zu machen seien. Schon der Begriff sei abzulehnen, weil er die Rolle übersehe, die Immigrantenkolonien als Anlaufstellen und Orte sozialer Solidarität und sozialen Rückhalts spielen. Sie seien nicht Phänomene des Ausstiegs, sondern vielmehr des Einstiegs in die Gesellschaft. Außerdem: Wer das Scheitern der Integration verkünde, übersehe, dass sich Deutschland erst seit 1999 als Einwanderungsland verstanden habe. Einige Vertreter dieser eher optimistischen Position sehen in Migranten eine aufstiegsorientierte und leistungsbereite Bevölkerung, die in der Lage ist, einen wesentlichen Beitrag zur Wirtschaft zu leisten. Andere betonen dagegen die Tatsache, dass gesellschaftliche Pluralität eine entscheidende Wirtschaftsressource gerade in einer globalisierenden Weltwirtschaft sei. »Vielfalt heißt Wertschöpfung.«[3] Es sei kein Zufall, dass die multikulturelle Offenheit in den Hochglanzbroschüren beschworen wird, mit denen unsere Großstädte um Investoren werben und etwa Hamburg, als eine Stadt, die eine »internationale Spitzenposition« für sich reklamiert, die Selbstverständlichkeit von »internationale[r] Attraktivität und multikulturelle[r] Offenheit« beschwört (Landesplanungsausschuss 2003). Gerne wird auf Toronto als Vorbild verwiesen, das für »›smart growth und ethnische Vielfalt‹« stehe (ebd.). Kurzum: Es gebe zwar Verwerfungen – zu Alarmismus gebe es aber keinen Anlass. »Ghettos« oder »Parallelgesellschaften« seien gesellschaftlich notwendige »Durchlauferhitzer«.

III. Ein drittes Lager kritisiert die Einseitigkeit und Selbstgerechtigkeit derjenigen, die vom Scheitern der Integration sprechen. Wer den Migranten vorwerfe, dass sie sich in Parallelgesellschaften zurückzögen, tendiere dazu, die Rolle der Mehrheitsgesellschaft bei der Herausbildung von »Parallelgesellschaften« zu übersehen. Es werde so getan, als ob es keine Diskriminierung auf dem Wohnungsmarkt gäbe, die es den Einwanderern sehr schwer mache, außerhalb der Einwandererviertel eine Wohnung zu finden. Es werde ebenfalls davon abgesehen, dass die ethnische Segregation weniger durch den Wunsch der Migranten, in den eigenen Vierteln zu leben, zustande komme, als durch den Wegzug von deutschen Mittelschichten. Völlig absurd sei es schließlich, die Tatsache der extrem hohen Arbeitslosigkeit in den Einwanderervierteln mit der niedrigen Arbeitsmoral der Migranten zu erklären. Eine Schuldzuweisung an die Migranten sei auf diesem Hintergrund absurd und vertausche schlicht Ursache und Wirkung. Ein gesellschaftlich bedingtes Phänomen würde kulturalisiert und entpolitisiert.

Dieses dritte Lager kann der grundsätzlich positiven Einschätzung des Ghettos, die die Vertreter des zweiten Lagers vollziehen, durchaus etwas abgewinnen. Andererseits kritisieren sie an der Einschätzung des zweiten Lagers einen wirtschaftsliberalen Fortschrittsoptimismus, der den gesellschaftlichen Machtverhältnissen und Ausgrenzungsdiskursen gegenüber blind sei. Die Gefahr der Verfestigung von Exklusion und zur Herausbildung einer Zweidrittelgesellschaft sei nicht von der Hand zu weisen.[4] Vor allem die Vertreter des ersten Lagers kritisieren an dem dritten Lager, dass von seinen Vertretern die ganze Verantwortung an der Misere auf die Mehrheitsgesellschaft geschoben werde. Als ob kulturelle Faktoren – genannt werden in der Regel Machismo, arrangierte Ehen, Ehrdenken, eine untergeordnete Stellung der Frau – völlig irrelevant seien.

Diese drei Positionen unterscheiden sich vor allem darin, welche Rolle sie der »Kultur« oder dem »Wertekonsens« für gesellschaftliche Prozesse zumessen. Oder genauer: Die Einschätzung der Situation in den Einwanderervierteln hängt davon ab, wie wichtig »Kultur« für gesellschaftliche Integration ist. Die Vertreter der ersten Position halten die Frage der Kultur für eine Schlüsselfrage. Ein Konsens über grundlegende Werte sei für eine Gesellschaft unabdingbar, wenn sie nicht in Teilgruppen zerfallen soll, die sich nichts mehr zu sagen haben, weil sie keine gemeinsame Sprache (im wörtlichen Sinn, aber auch im Sinn von geteilten Grundauffassungen) mehr sprechen. Schlimmer noch: Diese Teilgruppen könnten keine Konflikte mehr austragen, weil sie sich auf nichts mehr verständigen könnten. Eine geteilte Kultur erscheint somit als ein »Fundament«, auf dem das gesellschaftliche Gebäude errichtet wird.

Das Bild der Parallelgesellschaft suggeriert, dass ein gesellschaftliches »Miteinander« durch ein »Nebeneinander« abgelöst wird. Was dann droht, ist eine Eskalation von Konflikten, genauer: ihre gewaltsame Austragung. Diese Ängste fasst Franz Walter folgendermaßen zusammen (um allerdings dann zu konstatieren, dass Deutschland noch weit von dieser Situation entfernt ist):

»›Parallelgesellschaften‹ kapseln sich ab. Sie verweigern oft die Kommunikation mit anderen Gruppen und Interpretationen, gelangen so zu einer selektiven Sichtweise des gesellschaftlichen Zusammenhangs. Sie setzen ihre eigenen Werte und Ziele absolut, neigen infolgedessen dazu – nicht immer aber auch nicht selten – die Existenz des Anderen kompromisslos zu negieren, im gesteigerten Fall: militant zu bekämpfen. Demokratien aber brauchen ohne Zweifel eine Vorstellung von dem, was von allen Mitgliedern kollektiv geteilt und aktiv getragen wird, benötigen einen Sockel an gemeinsamen Vertrauen, Kooperationen und Solidaritäten. Sonst ist der gesellschaftliche Zusammenhalt der Demokratien labil.« (Walter 2006)

Innerhalb dieser kulturorientierten Position gibt es allerdings sehr grundlegende Differenzen über die Frage, *welche* Werte die Grundlage für ein gesellschaftliches Miteinander sein sollen. Eine erste Fraktion beruft sich auf die »westliche Wertegemeinschaft«.

»Es geht [...] um Prinzipien wie die Unantastbarkeit der Menschenwürde, die freie Entfaltung der Persönlichkeit, die Gleichberechtigung von Mann und Frau, die Freiheit von Wissenschaft, Kunst und Kultur sowie die Freiheit der Religionsausübung, die als Grundlage für Demokratie und Rechtstaat am treffendsten wohl als ›westlich‹ oder europäisch bezeichnet werden können.« (Lammert 2007: 15)

Diese Fraktion setzt sich von der Idee einer »deutschen Leitkultur« ab und spricht eher von einer Leitkultur für Deutschland. Spezifisch deutsch »ist in diesem Kontext allein die Sprache, nicht mehr, aber auch nicht weniger« (Lammert ebd.). Die andere Fraktion, vertreten etwa durch Jörg Schönbohm, hält dagegen an der auf dem Boden des Nationalstaats erwachsenen Leitkultur fest.[5] Dahinter scheint der Gedanke zu stehen, dass die Idee der europäischen Wertegemeinschaft (noch?) zu abstrakt und zu blutleer sei, um den Einzelnen einzubinden. Letztlich sei es doch das Bekenntnis zu den gewachsenen Traditionen eines Landes, beziehungsweise das Bekenntnis zu einem spezifischen »way of doing things«, das den Einzelnen zum Teil eines Solidarverbands mache. »Es ist vor allem eine gemeinsame Werteordnung, die uns wie Kitt zusammenhält.« (Beckstein 2007) Gerade Demokratien benötigen lebendige Symbole und Rituale.

Besonders die Vertreter einer europäischen Werteordnung bekennen sich zu einer Tradition der Toleranz. »Ohne Gemeinsamkeit erträgt eine Gesellschaft auch keine Vielfalt.« (Lammert ebd.) Dabei fokussiert sich die Debatte allerdings weniger auf den Spielraum, der einzuräumen sei, als auf die Grenzen, an denen man festhalten müsse. Diese Grenze wird am nachdrücklichsten in Bezug auf die muslimischen Immigranten gezogen. Häufig wird das Argument vorgebracht, der Islam habe keine Aufklärung erlebt und sei aus diesem Grund mit den westlichen Werten von Individualismus und Selbstverwirklichung nicht vereinbar. Gerade dieser Gruppe seien deshalb Reformbemühungen abzufordern, um sie in das europäische Wertesystem zu integrieren. Während es dieser Fraktion (jedenfalls in der Selbsteinschätzung) um »Prinzipien« geht, werden von den Vertretern der »deutschen Leitkultur« eher die »Symbole« in den Vordergrund gerückt. Auch hier wird weniger definiert, was »deutsch« ist; vielmehr besteht ein Konsens darüber, was *nicht* deutsch ist – das Kopftuch etwa oder auch repräsentative Moscheebauten. Allerdings fällt es auch den Vertretern der europäischen Werte schwer anzugeben, was Muslimen, die sich zu den Prinzipien des Grundgesetzes bekennen, darüber hinaus abzuverlangen sei.

Die Vertreter der zweiten Position tendieren dazu, den Faktor »Kultur« für den Integrationsprozess sehr gering zu veranschlagen. Sie können sich auf soziologische Theorien stützen, die davon ausgehen, dass spätindustrielle Gesellschaften nicht mehr über Werte integriert werden. Dies ist zum einen die systemtheoretische Grundannahme, von Integration könne nur in Bezug auf die Integration in ein Teilsystem wie Wirtschaft, Recht, Politik oder Schule gesprochen werden, nicht aber in Bezug auf die Gesellschaft als Ganzer (in diesem Sinn u.a. Nassehi 1997). Anders formuliert: Wenn jemand eine Arbeit hat, seine Konflikte mit dem Nachbarn über den Rechtsweg austrägt, zur Wahl geht und seine Kinder zur Schule schickt – wo liegt dann noch ein Problem? In einer solchen Situation wird man genügend Kräfte der Einbindung entwickeln. In der Tat kann diese Position darauf verweisen, dass etwa die japanische Gemeinde in Düsseldorf nicht als Problem gesehen wird – auch wenn Zen-Buddhismus und Shintoismus nicht gerade eine große Aufklärungstradition hervorgebracht haben. Es könne zwar zu Exklusionserscheinungen kommen, etwa wenn die Nicht-Integration in ein Teilsystem (z.B. Wirtschaft) die Nicht-Integration in andere Teilsysteme nach sich zieht und sich verfestigt – auch dann spiele Kultur aber ein sekundäre Rolle dabei.

Die Bedeutung von Kultur wird ebenfalls von *rational choice*-Theoretikern gering veranschlagt, die Migranten im Wesentlichen als Nutzen maximierende Individuen konzeptualisieren (u.a. Esser 1980). Das Interesse, in der Gesellschaft voranzukommen, überlagert in der Regel das Interesse an einer kulturellen Absonderung – außer vielleicht in dem Fall, in dem *ethnic entrepreneurs* versuchen, aus ihr Profit zu schlagen. Auch hier wird der Bindungskraft über wirtschaftliche oder politische Interessen weit größere Bedeutung zugemessen als der von Kultur. Während die Vertreter der ersten Position in kultureller Differenz eher ein Problem sehen, wird von dieser zweiten Position eher die Stärke von Diversität betont.

Die Vertreter der dritten Position tendieren wiederum dazu, »Kultur« in Zusammenhang mit Macht zu stellen. Was die gesellschaftliche Desintegration betrifft, so sei nicht die Kultur der Einwanderer das Problem, sondern der biologische, kulturelle oder institutionalisierte Rassismus der Mehrheitsgesellschaft. Nicht kulturelle Differenz an sich sei das Problem – sondern das, was aus ihr gemacht wird. Problematisch sei es nämlich, wenn sie festgeschrieben und übertrieben wird und damit das Anders-Sein des Anderen übertrieben wird. Dann werden Unterschiede essenzialisiert, und Ausgrenzung ist die Folge. Dabei geht es einerseits um eine Behauptung des eigenen Status durch Diskriminierung des Anderen; andererseits um die innere Disziplinierung des Anderen, der sich durch diese Zuschreibungsprozesse definiert und festgelegt sieht. Migrantenkultur wird von den Vertretern dieser Position häufig als Gegen-, Oppositions- und Protestkultur gesehen – eine Form des Aufbaus von Gegenmacht (*empowerment*) über Solidarisierung.

Dass die Idee der multikulturellen Gesellschaft in den letzten Jahren in die Defensive gekommen ist, ist wohl der Grund dafür, weshalb sich Vertreter dieser Position bemerkenswert zurückhaltend geben, wenn es um die Formulierung einer positiven Vision für den Umgang mit soziokultureller Differenz geht. Dennoch scheint die Folie für die Macht- und Rassismuskritik die Vision eines weitgehend herrschaftsfreien Miteinanders von verschiedenen Lebens- und Kulturformen als die beste Grundlage für die Herausbildung von gesellschaftlicher Solidarität zu sein. Diese Position plädiert für eine Politik des gegenseitigen Respekts anstelle einer Politik der Toleranz. Toleranz – so das Argument – ist im Prinzip asymmetrisch, weil immer der Mächtige beziehungsweise der Etablierte festlegt, welches Verhalten des Schwächeren oder des Außenseiters noch tolerabel ist – und wo dann die Grenze gezogen werden muss. Toleranz sei also grundsätzlich repressiv. Gegenseitige Respektierung ermögliche dagegen eine dynamische Kulturentwicklung – und damit die Entfaltung einer Vielfalt von Stimmen. Als Ziel wäre eine Kultur der Diversität anzustreben, die das Erbe der multikulturellen Gesellschaft antreten würde. Die Begriffsverschiebung deutet dabei an, dass der Begriff der multikulturellen Gesellschaft nie ganz die in der Tat problematische Assoziation von Kultur mit ethnischer Gemeinschaft losgeworden ist – was wohl auch mit dem angelsächsischen Erbe des Begriffs zusammenhängt.[6] Eine Kultur der Diversität würde dagegen auch die Oppositionskulturen berücksichtigen, die sich – wie etwa eine türkische Schwulenkultur – gegen den ethnischen Mainstream richten.

Betrachtet man die Debatte wohlwollend, könnte man sagen, dass jede der drei Positionen einen Aspekt einbringt, der von den anderen übersehen wird. Betrachtet man sie kritischer, würde man sagen, dass jede der Positionen gleichzeitig den eigenen Aspekt generalisiert und verabsolutiert und damit der eigenen Argumentation den Boden entzieht: Die Vertreter des ersten Lagers sagen, Kultur (beziehungsweise Religion) spiele eine wichtige Rolle, und überziehen diesen Standpunkt noch dadurch, dass sie die Frage der Kultur zur Schlüsselfrage machen – als ob es den Einwanderern nur um Werte, nicht aber auch um gesellschaftlichen Aufstieg ginge. Dagegen bringen die Vertreter des zweiten Lagers, die im Migranten hauptsächlich den *homo oeconomicus* sehen, zu Recht ein, dass die Migranten, wie alle anderen, zunächst einfach ihren ganz banalen Alltag meistern wollen – ökonomisch zurechtkommen wollen, ihren Kindern Aufstiegschancen sichern wollen usw. Den eigenen Standpunkt überziehen sie dagegen, wenn sie das ökonomische Vorankommen als einzigen relevanten Wert im Leben erklären und damit Kultur letztlich für irrelevant erklären (beziehungsweise als eine unter vielen möglichen Ressourcen behandeln). Sie übersehen, dass kulturelle Identität ein starker Handlungsimpuls sein kann, etwa wenn sich bei Individuen oder auch bei Kollektiven das Gefühl einstellt, am eigentlichen Leben trotz ökonomischer Saturiertheit vorbeizuleben oder den »Sinn des Lebens« zu verfehlen. Die Tatsache, dass wertrationale Gesichtspunkte zwar oft sekundär sind, manchmal aber gleichwertig neben die zweckrationalen Alltagsgesichtspunkte treten und gelegentlich sogar alles überschatten und dann plötzlich sehr handlungsrelevant werden, wird ausgeblendet. Das dritte Lager (insbesondere in seiner postkolonialen Variante) wiederum tendiert zu Recht dazu, die Frage der gesellschaftlichen Macht, der Ausgrenzung und vor allem auch der selbstgerechten Blindheit der Mehrheitsgesellschaft zu thematisieren – aber es tut sich schwer, den Zusammenhang von Kultur und Macht auf der Seite der Einwanderergemeinden zu thematisieren. Vor allem die Tatsache, dass Disziplinierungs- und Zuschreibungsprozesse über Kultur nicht nur von der Mehrheitsgesellschaft ausgehen, sondern natürlich auch von Kreisen der Einwanderergesellschaft, wird oft zu wenig thematisiert.

Die Komplexitätsreduktionen, die jeder einzelnen dieser Positionen anhaften, lassen die Debatte abgehoben erscheinen. Sie hat mit der Lebensrealität in den Einwanderervierteln relativ wenig zu tun – oder vielmehr erscheint die Lebensrealität vor Ort in den unterschiedlichen Argumentationsmustern so einseitig stilisiert, dass man sie nicht wiedererkennt. Wenn man sich in Einwandererkreisen bewegt, wird man sehr schnell mit der Tatsache konfrontiert, dass »Kultur« eine wichtige Rolle spielt (anders als es die Vertreter des zweiten Lagers wahrnehmen wollen) – aber auch, dass »Kultur« viel dynamischer, widersprüchlicher und offener ist, als es die Vertreter des ersten Lagers meinen – »Werte« sind bei Einwanderern nicht weniger Gegenstand von Auseinandersetzungen und Debatten, als es »Normen«, »Werte«, »Leitbilder« und »gesellschaftliche Orientierungen« bei Angehörigen der Mehrheitsgesellschaft sind. Gegenstand dieser Auseinandersetzungen sind nicht zuletzt die problematischen Bestände der eigenen Kultur – die Gewalt und Unterdrückung, die im Namen der »Ehre« oder eines traditionalistischen Islams ausgeübt werden. Die Komplexität, Dynamik und die Brüchigkeit, die man vor Ort findet, machen es ebenfalls schwer, eine klare Grenze zwischen »Migrantenkultur« und »Kultur der Mehrheitsgesellschaft« zu ziehen – man findet so viele Überschneidungen und Überlappungen, dass es sehr fraglich ist, ob es gerechtfertigt ist, etwa von einer »islamischen Kultur der Einwanderer« zu sprechen.

Angesichts dieser Tatsache plädiere ich in diesem Buch für einen neuen Realismus, für eine Kultur des genauen Hinsehens. Dieses genaue Hinsehen sollte vor allem die einseitigen Stilisierungen vermeiden, die die Debatten so sehr dominieren und bestimmen. Dabei soll in drei ethnologischen Fallstudien auf drei »neuralgische« Punkte genauer eingegangen werden, die in der Debatte um Parallelgesellschaften eine zentrale Rolle spielen: 1. auf die Frage der Ehrenmorde; 2. auf die Rolle der islamischen Gemeinden in den Einwanderervierteln und 3. auf die Frage, wie es mit den gesellschaftlichen Identifikationen von jungen Menschen mit Migrationshintergrund bestellt ist. Anhand der Analyse eines versuchten Ehrenmords in Berlin wird gezeigt, wie untauglich das in den Medien suggerierte Bild ist, dass sich in der Parallelgesellschaft ein eigenes Rechtssystem etabliert hat, das dann von jungen Männern exekutiert wird. Es wird deutlich werden, wie sehr sich die Normen und Werte der Ehre im Migrationskontext verändert haben – und wie es, zum Entsetzen der Verwandtschaft, trotzdem zur Gewalt kommen konnte. Im anschließenden Kapitel wird gezeigt, wie gerade aus konservativen islamischen Gemeinden Initiativen hervorgehen, um der Jugenddelinquenz, dem Drogenkonsum, aber auch den innerfamilialen Schwierigkeiten in muslimischen Familien etwas entgegenzusetzen. Diese Initiativen belegen, wie sehr die islamischen Gemeinden durch die Entwicklungen in der dritten Generation beunruhigt sind – und zeigen, welche Antworten aus einer muslimischen Tradition darauf gefunden werden. Die Fälle dienen dazu, die Position mehr als fraglich erscheinen zu lassen, die umstandslos »den Islam« für die soziale Desintegration namhaft macht. Das folgende Kapitel zeigt, wie ausgeprägt die Identifikation der jungen Einwanderer mit den Städten ist, in denen sie leben – was gerade auch angesichts der Distanz bemerkenswert ist, mit der sie sich über »Deutschland« äußern. Das Kapitel untersucht das Potenzial, das mit dieser Identifikation verbunden ist.

Ethnologische Fallstudien sind Tiefenanalysen. Sie zielen darauf ab, mit qualitativen Methoden, die dem jeweiligen Gegenstand angepasst sind, das Welt- und Selbstverständnis des Anderen zu erfassen und aus dem jeweiligen Kontext heraus zu verstehen. Sie greifen Einzelfälle auf und versuchen, an ihnen die ganze Komplexität, die den Alltag konstituiert, sichtbar zu machen. Es geht nicht darum, den einen oder anderen Faktor zu isolieren, sondern gerade die Wechselwirkungen von ökonomischen, sozialen, kulturellen und politischen Interessen und Orientierungen zu verdeutlichen. Gerade das Interesse daran, wie »alles mit allem« zusammenhängt, unterscheidet die Ethnologie von eher analytischen Verfahren, wie sie etwa in der quantitativen Soziologie üblich sind. Dort geht es darum, Variablen zu isolieren und Korrelationen zu ermitteln, um darüber zu Kausalaussagen (etwa zwischen Gewaltbereitschaft und Religionszugehörigkeit [Brettfeld/Wetzels 2007]) zu gelangen; hier darum, »innere« Zusammenhänge sichtbar zu machen. Dieses

Erkenntnisinteresse unterscheidet die Ethnologie aber auch von religionswissenschaftlichen Studien, die, in der Regel gestützt auf Textanalysen, die innere Logik von religiösen Weltbildern rekonstruieren, aber den Zusammenhang von Religion und sozialem Handeln nicht systematisch betrachten. Das ethnologische Verfahren hat den Vorteil, dass man einen Einblick in die Zusammenhänge bekommt – ein Gefühl davon, in welchem Kontext eine Handlung verortet ist. Dies erlaubt es, Entwicklungstrends nachzuzeichnen – und aus dem Verständnis der Sachlage her Prognosen abzugeben. Der Nachteil des ethnologischen Verfahrens ist, dass man mit diesem Verfahren zwar etwas sichtbar machen kann – aber schlechterdings nichts beweisen kann (jedenfalls nicht im quantitativen Sinn). Man kann nur mit einer gewissen Plausibilität argumentieren, dass andere Fälle nicht ganz anders gelagert sein werden – und diejenigen, die sich damit auseinandersetzen, dazu ermutigen, ihrerseits wieder genau hinzublicken.

Das Erkenntnisinteresse der Ethnologie geht jedoch über das Interesse hinaus, nur einen Beitrag zu einem besseren Verständnis der Situation in den Einwanderervierteln zu leisten. Das Grundanliegen der Ethnologie war es immer, anhand von Einzelfällen über Grundfragen der Gesellschaft nachzudenken. Die Ethnologie teilt damit ihr Erkenntnisinteresse mit der Sozialphilosophie. Sie setzt es jedoch insofern anders um, als sie den grundlegenden Fragen, nicht theoretisch-systematisch, sondern anhand des empirischen Falls nachgeht. Davon verspricht sich der Ethnologe eine Bindung an das, was der Fall ist – eine Erdung, die ihn davor bewahrt, bei der Theorieentwicklung die Bindung an die Realität zu verlieren. Dies ist nicht weniger Arbeit am Begriff als die der Sozialphilosophie – aber es ist eine Arbeit, die die Begrifflichkeit in der Auseinandersetzung mit dem Stoff entwickelt und die eine Theoriebildung anstrebt, die sich am Konkreten bewährt. In diesem Fall liefern uns die drei empirischen Analysen das Material, das es uns erlaubt, im zweiten Teil des Buchs (Kapitel 5, 6 und 7) den Zusammenhang von Kultur und Integration zu erhellen. Die Schlussfolgerungen, die ich in diesen Kapiteln ziehe, stehen inhaltlich den Überlegungen von Rawls zu »fairness« und zum »overlapping consensus« (1993), von William E. Connolly zum »agonistic respect« (2005)

oder von Jürgen Habermas zur Behandlung von Kultur nahe (2005). Während die Sozialphilosophen aber auf theoretischen Wegen die Wünschbarkeit (oder auch die Notwendigkeit) der Respektierung von Differenz aufweisen, beansprucht dieser Essay, auf empirischem Weg ihre Machbarkeit zu zeigen und die Chancen zu identifizieren, die sich mit ihr eröffnen.

Konkret soll in einer Auseinandersetzung mit den Leitkulturtheoretikern in ihren beiden Schattierungen nachgewiesen werden, dass gesellschaftliche Solidarität auch in Situationen kultureller Differenz entsteht und behauptet werden kann. Gestützt auf das im Buch dargestellte ethnographische Material werde ich zeigen, dass nicht eine gemeinsame Plattform von zentralen Überzeugungen und Orientierung entscheidend für den inneren Zusammenhalt einer Gesellschaft ist, sondern die Aufrechterhaltung von kulturellen Austauschprozessen und eine damit zusammenhängende kulturelle Dynamik. Daraus ergeben sich grundsätzlich andere Schlussfolgerungen für den Umgang mit kultureller Differenz, als sie von den Leitkulturtheoretikern gezogen werden.

Anmerkungen

1 Die Darstellung der Positionen folgt in weiten Strecken der ausgezeichneten Studie von Stephan Lanz zur Konstruktion von Berlin als Einwandererstadt im politischen Diskurs (Lanz 2007: 363-379).

2 So etwa Kelek 2006: 23.

3 So ein Gesprächspartner von Stephan Lanz (Lanz 2007: 239).

4 Hierzu etwa IfS and S.T.E.R.N. (1998).

5 Siehe etwa die Zusammenstellung der Zitate bei Lanz 2007: 156 und 157.

6 In England ging die multikulturelle Politik sehr stark mit der Förderung ethnischer *communities* einher (etwa in der Form der Förderung von *community centers*). Dies war in Deutschland nie der Fall. Die »multikulturelle Politik« in Deutschland war immer mehr eine integrative Politik: Es ging primär um die Versuche, Einheimische und Zuwande-

rer auf gleicher Augenhöhe zusammenzubringen (etwa in deutsch-türkischen Kindergärten) und weniger um die Förderung von Kulturvereinen.

2. Ein Ehrdelikt – Zum Wertewandel bei türkischen Einwanderern

Das Phänomen der Ehrenmorde scheint auf den ersten Blick alles zu bestätigen, was in dem Bild der Parallelgesellschaft suggeriert wird: In den Einwanderervierteln haben sich von der Mehrheitsgesellschaft abgeschottete Räume herausgebildet, in denen nach Maßgabe von archaischem Stammesrecht geurteilt wird. Das soziokulturelle Nebeneinander hat zur Entwicklung eines »rechtsfreie[n] Raum[s] für Tausende junger Mädchen und Frauen« (Lau 2005) geführt. Die – oft kaltblütigen – Morde, die von Nahverwandten, in der Regel Brüdern oder Vätern der Opfer, ausgeführt werden, stehen für eine unüberbrückbare Fremdheit. Der Gegensatz zur Mehrheitsgesellschaft wird vor allem dann betont, wenn, wie in der Berichterstattung über den Mord an Hatun Sürücü 2005 in Berlin, hervorgehoben wird, dass die einzige Schuld des Opfers darin bestanden hätte, dass sie »so leben [wollte] wie eine Deutsche, nämlich emanzipiert, frei und westlich« (Lau 2005). Nicht nur, dass eine Annäherung an die deutsche Gesellschaft nicht stattgefunden habe – sie werde auch gar nicht erst gewollt; wer die Grenze überschreite, werde sanktioniert.

Die folgende Fallstudie eignet sich dazu, diese Bilder über die Parallelgesellschaft zu relativieren. Insbesondere rückt sie das Bild geschlossener kultureller Welten zurecht. Der hier diskutierte Versuch eines Ehrenmordes lässt sich tatsächlich auf einen »Wertekonflikt« zurückführen. Dabei handelt es sich aber nicht um einen Konflikt zwischen deutscher und türkischer (beziehungsweise kurdischer) Kultur, sondern zwischen den Interpretationen der Ehre, wie sie in Kurdistan einem jungen Mann vermittelt wurden, und den Vorstellungen, die sich in dieser Hinsicht in der Berliner Diaspora entwickelt hatten. Wir haben hier einen Fall von Brüchen in der Zeitlichkeit, die Bloch auf die Formel der Gleichzeitigkeit des Ungleichzeitigen (Bloch 1935) gebracht hat – Brüchen, die die Beteiligten nicht reflektieren, ja die ihnen nicht einmal bewusst sind. Der Wertbegriff des jungen Kurden ist ja ganz ähnlich demjenigen, mit dem die Angehörigen der ersten Generation vor Jahren nach Deutschland gekommen sind und der sich dann unter dem Einfluss der Situation in Deutschland (was nicht heißt: unter dem Einfluss der Deutschen) verändert hat. Der Fall konfrontiert den Leser mit der Vielzahl von Bedeutungen, die das Wort »Ehre« hat. Er zeigt, wie mit Normen und Werten im Alltag umgegangen wird, wie sie ausgehandelt werden und sich weiterentwickeln. Angesichts dieser Vielzahl von Bedeutungen ist es sinnlos, »Ehre« oder »Ehrgefühl« als Erklärung für eine Tat heranzuziehen. Vielmehr ist in jedem Fall auszuloten, in welchem Zusammenhang dieser Begriff gebraucht wird.

Die folgende Schilderung des Falles stammt aus einem Gerichtsgutachten, das ich für das Landgericht Berlin-Moabit angefertigt habe. Ich hatte Zugang zu den Ermittlungsakten und konnte ausführliche Gespräche mit dem Angeklagten und dem Opfer führen. Die Namen wurden selbstverständlich geändert.

Ein Mordversuch

Am 16. Juli 1996 wurde der damals siebzehnjährige Ali Kaynar wegen versuchten Totschlags zu zwei Jahren und acht Monaten Haft verurteilt. Er hatte am 26.12.1995 ein am Kurfürstendamm gelegenes türkisches Bistro betreten und mit einem Revolver mehrmals auf die dort arbeitende Frau seines Cousins, Fatma Kaynar, geschossen. Vor der Tat hatte er ausgerufen:

»Es tut mir leid. Du hast eine große Schande über uns gebracht, indem du meinen Cousin und die Kinder verlassen hast. Du hast unsere Ehre befleckt.« (Zeugenaussage einer Kollegin Fatmas am 16.1.1996)

Nach der Tat ließ er sich ruhig verhaften. Gegenüber der Polizei erklärte er, er habe Fatma deshalb bestrafen müssen, weil sie die Ehre der Familie verraten hatte: Fatma habe sich von ihrem Mann Ibrahim und den Kindern getrennt und habe Beziehungen zu anderen Männern aufgenommen. Eigentlich hätte Ibrahim selbst Rache nehmen müssen – stattdessen aber hätte er immer wieder vergeblich versucht, Fatma zurückzugewinnen. Wörtlich sagte er in der ersten Vernehmung nach der Tat:

»In solchen Fällen muss zwar ein Erwachsener in der Familie die Ehre retten, aber wenn dieser ausfällt, dann muss eben ein Jüngerer das tun. In diesem Fall hätte das also der Ibrahim machen müssen, aber er selbst hat auch Schande über unsere Familie gebracht, weil er sich immer noch mit seiner geschiedenen Frau getroffen hat, obwohl sie ja bereits geschieden war und obwohl sie andere Männerbekanntschaften hatte.« (Polizeiliche Vernehmung von Ali Kaynar am 26.12.1995)

Auf den ersten Blick sieht der Fall wie ein klassischer Ehrkonflikt aus. Der Angeklagte beruft sich auf einen scheinbar feststehenden Ehrenkodex. Dennoch wirft der zunächst so einfach anmutende Fall Fragen auf: Wie haben die einzelnen Beteiligten in dem Familiendrama ihre Ehre verstanden? Wieso hat kein Erwachsener die für Ali scheinbar so selbstverständliche Pflicht erfüllt? Betrachten wir zunächst den Ehrbegriff, mit dem Ali aufgewachsen ist, und konfrontieren wir ihn dann mit dem Verständnis der anderen Beteiligten.

Ali Kaynar

In den Dörfern von Diyarbakır, wo Ali aufgewachsen ist, gilt die Wahrung der Ehre als entscheidend für die Anerkennung als Rechtsperson. Eine Familie, der die Ehre abgesprochen wird, wird aus dem sozialen Leben ausgegrenzt; sie wird Schwierigkeiten haben, Heiratspartner für die Kinder zu finden; sie wird sich zunehmend verbalen und physischen Angriffen ausgesetzt sehen; letztendlich wird ihr nur die Emigration aus dem Dorf als Handlungsmöglichkeit offen stehen.

Der Gedanke der Ehre bezieht sich dabei weniger auf das Individuum als auf die Familie als Ganzes. Die Ehre des Einzelnen existiert nicht unabhängig von ihr. Ebenso wie das einzelne Familienmitglied an dem Ruf der Familie partizipiert – er gilt als ehrenhaft, wenn seine Familie ehrenhaft ist –, schädigt der Einzelne mit einem Fehlverhalten nicht nur seinen eigenen Ruf, sondern den seiner ganzen Familie.

Ehre bedeutet die Sorge um Integrität. Der Gedanke ist eng mit einer deutlichen Grenzziehung zwischen einem Innenbereich – dem Bereich der Familie – und einem Außenbereich verbunden. Jede Verletzung dieser Grenze (etwa der Angriff auf eine Person der Familie, insbesondere aber auf eine der Frauen der Familie) wird als eine Herausforderung der Ehre der Familie gedeutet. Wenn dann nicht entschieden geantwortet wird, gilt ihre Ehre als »befleckt« (*lekelenmiş*).

Dabei wird die Ehre der Familie insbesondere durch die sexuelle Integrität der ihr zugerechneten Frauen symbolisiert. Diese Ehre gilt es zu schützen. Eine vor- oder außereheliche Beziehung einer Frau wird als Infragestellung der Integrität der Familie schlechthin gedeutet. In diesem Fall verlangt die Rhetorik der Ehre, dass Ehebrecherin und Ehebrecher getötet werden. Dabei existiert eine symbolische Arbeitsteilung: Während die Frauen die Ehre in einem sehr wörtlichen Sinn »verkörpern«, stehen die Männer – und hier insbesondere die jungen Männer – für die Stärke und Wehrhaftigkeit der Familie ein, für die Fähigkeit, jederzeit eine Herausforderung mit einer Gegenherausforderung zu beantworten. Diese »symbolische Arbeitsteilung« hat im Übrigen zur Folge, dass ein außereheliches sexuelles Verhältnis die Ehre einer Frau (und die ihrer Familie) zerstört, während es bei einem Mann zwar missbilligt wird, aber keine Konsequenzen in Bezug auf seine Ehre (und die seiner Familie) hat. Die älteren Männer, die Familienoberhäupter (und insbesondere die Patriarchen) stehen dagegen für die Einheit und Geschlossenheit der Familie – auch dies eine notwendige Vorbedingung, um die Integrität der Familie wahren zu können. Der Respekt und der völlige Gehorsam, die diesen Männern von den anderen Familienmitgliedern zu erweisen sind, leiten sich daraus ab.

Die hier skizzierte Logik der Ehre ist im Kontext der Bedeutung der Familie in der ländlichen Türkei zu sehen. Die starke Stellung der Familie, die in der Konstruktion einer kollektiven Rechtsperson zum Ausdruck kommt, ist dort unmittelbar plausibel, wo der Einzelne, wie im kurdischen Dorf, auf seine Familie für sein wirtschaftliches, soziales und politisches Überleben angewiesen ist: wirtschaftlich, weil sie die entscheidende Produktions- und Konsumptionseinheit ist, sozial, weil sie den Rückhalt des Einzelnen im Fall von Krankheit und Alter garantiert, und politisch, weil die Familie – insbesondere in einem Kontext, in dem der Staat als feindselig wahrgenommen wird – diejenige Instanz ist, bei denen der Einzelne im Fall von Konflikten Rückhalt hat.

Man muss aber nicht nur ehrenhaft sein, man muss auch ehrenhaft erscheinen. Für das Überleben einer Familie ist es entscheidend, den Wert der Ehre nicht nur zu leben, sondern dies auch nach außen zur Schau zu stellen, nicht nur ehrenhaft zu *sein*, sondern auch ehrenhaft zu *erscheinen*. Dies ist deshalb entscheidend, weil in das System der Ehre ein selbstdestruktives Moment eingebaut ist. Jeder Ehrkonflikt bedroht die Zukunft der Familie – sei es, weil man mit der Erfüllung einer Ehrpflicht einen Gefängnisaufenthalt riskiert, sei es, weil die (ebenso blutige) Gegenreaktion der anderen Partei nicht ausbleiben wird. Man setzt in der Verfolgung der Ehre paradoxerweise genau das aufs Spiel, was man durch den Wert der Ehre geschützt wissen will, nämlich die Familie. Im Alltag muss man deshalb eine Politik der Reputation betreiben, damit man es gar nicht so weit kommen lässt. Eine Familie, die den Ruf hat, ehrenhaft, wehrhaft, solidarisch zu sein, wird gefürchtet und lebt deshalb im Zustand relativer Rechtssicherheit. Sie kann ihre Ehre ohne Probleme behaupten, einfach weil sie mit großer Wahrscheinlichkeit nie in die Verlegenheit kommt, sie verteidigen zu müssen. Ebenso gebietet es die Klugheit, einen einmal geschehenen Bruch der Ehre nach Möglichkeit zu übersehen – letztendlich ist noch nichts passiert, solange noch kein anderer davon erfahren hat. Solange der Schein gewahrt werden kann, wird eine Verletzung der Norm keine Konsequenzen für den Rechtsstatus haben.

Freilich muss dieser strategische Umgang mit der Ehre verschleiert werden – gerade damit das Ehrsystem weiter funktioniert: Keiner würde schließlich mit seinem Leben »nur« für eine Fassade einstehen. Im Alltag wird dieses Problem durch eine Rollenaufteilung zwischen »hitzigen« jungen Männern (*delikanlı*) und »klugen« älteren Männern gelöst. Oder um es anders zu formulieren: Man wächst als junger Mann in Ostanatolien in der vollen Überzeugung auf, dass die Ehre wichtiger ist als das Leben, dass es besser ist zu sterben, als ehrlos zu leben. Mit der Zeit, vor allem mit der Gründung einer eigenen Familie, lernt man dann, dass es noch andere Aspekte im Leben gibt, dass man die Familie auch schützen muss und sie nicht leichtfertig für einen Ehrkonflikt opfern darf. Man lernt (in der Regel) eine gewisse Klugheit im Umgang mit der Ehre – geht nach Möglichkeit Konflikten aus dem Weg, bewahrt kluges Schweigen über Ehrverletzung (um niemanden zu Handlungen zu zwingen, die später alle bereuen würden etc.), sucht nach anderen Lösungen. Gleichzeitig weiß man, dass man mit einer solchen Haltung (würde man sie öffentlich proklamieren) den Ruf der Familie untergraben würde: Nach außen hin bestätigt man also die jungen Männer weiter in ihrer Haltung.

So viel zur Gedankenwelt, in der Ali aufwuchs. In Südostanatolien herrschte zu seiner Kindheit Bürgerkrieg, und die PKK rekrutierte, oft unter Androhung von Gewalt, junge Männer aus den Dörfern für ihre Partisanenarmee. Um dies zu vermeiden, wurde Ali – gegen seinen Willen – 1994 zusammen mit einem Cousin von seinem Vater nach Deutschland geschickt. In Berlin kam er in der Familie seines Cousins Ibrahim und dessen Frau (und seines späteren Opfers) Fatma unter. Er wurde damit mit einer Lebenswelt konfrontiert, die sich erheblich von allem unterschied, was er bisher kennen gelernt hatte.

Die Familie Kaynar

Ibrahim Kaynar hatte seine Frau Fatma 1986 kennen gelernt. Fatma war zu dieser Zeit geschieden und hatte ein Kind aus erster Ehe. Ibrahim war ebenfalls verheiratet; er hatte zwei Kinder aus seiner ersten Ehe. Nachdem sich Ibrahim und Fatma zwei Monate kannten, zogen sie zusammen und lebten zunächst drei Jahre lang unverheiratet miteinander. Sie heirateten zwei Monate nach der Geburt ihrer ersten Tochter.

Die Familie Ibrahims, insbesondere sein Vater, war aus mehreren Gründen gegen die Beziehung. Bei Ibrahims erster Frau hatte es sich um die Tochter eines engen Freundes der Familie aus dem kurdischen Heimatdorf gehandelt – und die Scheidung hatte Auswirkungen auf die Beziehung. Wichtiger war noch, dass Fatma bereits verheiratet gewesen war. Und schließlich war Fatma keine Kurdin, sondern eine Türkin aus der Westtürkei. Aus all diesen Gründen versuchte die Familie, das Paar auseinander zu bringen. Fatma wurde gedemütigt und etwa aufgefordert, den Raum zu verlassen, wenn Familienangehörige kamen. Es kam auch zu beleidigenden Äußerungen. Als all dies nichts nützte, brach die Familie Ibrahims den Kontakt zu ihm und seiner Frau ab. Erst nach der Geburt einer Tochter kam es zu einer gewissen Wiederannäherung. Auch Fatmas Eltern waren anfangs gegen die Ehe – Ibrahim sei verheiratet gewesen, was könne sie schon erwarten. Bei der Hochzeit waren bezeichnenderweise beide Elternpaare nicht anwesend.

Es handelte sich also eindeutig um eine Liebesehe, die in Ungehorsam gegen den Vater und in Verletzung der bäuerlichen Ehrvorstellungen geschlossen wurde. Durch ihre Lebensweise rebellierten Ibrahim und Fatma gegen die normativen Vorstellungen ihrer Eltern. Wenn man so will, stellten sie den progressiven Flügel in dem Familienverbund dar. Es ist bezeichnend, dass die Familien sich letztlich mit dem Normenverstoß arrangierten. In der Umgebung, in der sich alle bewegten, – der Großstadt Berlin – entfiel die dörfliche Notwendigkeit, den Wert der Ehre wie einen Schutzschild vor sich herzutragen. Dies bedeutete keine Absage an diesen Wert, es bedeutete aber eine zunehmende Flexibilisierung im Umgang damit.

Die Rolle des »progressiven Flügels« spielten Ibrahim und Fatma auch in den folgenden Jahren. Sie unterstützten gegen den Willen der Familie die noch in der Türkei lebende Schwester Ibrahims bei ihrem Wunsch, nach Deutschland zu kommen. Eine bezeichnende Kleinigkeit: Ibrahim und Fatma gingen mit den Schwestern Ibrahims zusammen ins Schwimmbad

– auch das ein Verhalten, das vom Rest der Familie missbilligt wurde.

Als zur Diskussion stand, dass Ali und sein Cousin nach Deutschland kommen würden, entschloss sich Ibrahim, einen »Arbeitsplatz für seine Verwandten zu schaffen«, sprich einen Imbiss zu eröffnen. Fatma war dagegen. Ibrahim hatte schon einmal bei einem ähnlichen Unternehmen schlechte Erfahrungen gemacht; auch befürchtete Fatma ein unregelmäßiges Leben. Ihr selbst schwebte stattdessen ein Laden mit Geschenkartikeln vor.

»Ich sagte: ›Du gehst dann früh um neun hin und machst auf, um 18 Uhr machst du Schluss, bist um 19 Uhr zu Hause, dann sind wir mit den Kindern auch zu Hause. Dann haben wir immer noch ein regelmäßiges Leben.‹ Ibrahim antwortete darauf: ›Was willst du denn in einem Geschenkartikelladen mit sieben, acht Leuten machen, da ist nicht viel zu arbeiten. Aber im Restaurant ist das ganz anders.‹« (Fatma Kaynar im Interview mit dem Verfasser am 20.5.1996)

Zur Finanzierung wurden 250.000,- DM Kredit bei Freunden und Verwandten aufgenommen.

Ibrahim entscheidet sich also in einer kritischen Situation im Interesse seiner kurdischen Großfamilie – und gegen seine neue Familie. Die Entscheidung bedeutet eine Relativierung seiner früheren Opposition. Er übernimmt nach einer Phase der Rebellion die Verantwortung, die ihm auf Grund seiner Stellung im Familienverband zufällt. Das Unternehmen, das er begründet, ist ein typisches *ethnic business*, bei dem verwandtschaftliche und soziale Beziehungen ein untrennbares Amalgam bilden. Einerseits werden Arbeitsplätze für Verwandte geschaffen. Von diesen wird als Gegenleistung unbedingte Loyalität gefordert. Den jungen Männern, die bei Ibrahim Beschäftigung fanden, wurden 13 Stunden Arbeit am Tag abverlangt.

»Sie haben unheimlich viel gearbeitet. Von 18 Uhr bis morgens um acht, dann kommen sie nach Hause, schlafen sie, dann wachen sie auf und gehen wieder direkt in den Laden.« (Fatma Kaynar ebd.)

Unter Berufung auf das geteilte Familieninteresse wurde auch verlangt, auf eine regelmäßige Bezahlung zu verzichten:

»Ibrahim sagte immer: ›Wenn der Laden gut läuft, werdet ihr schon Geld kriegen.‹ Und wenn sie kein Geld hatten, hatte er ihnen mal 20, 50, 100 Mark zugesteckt. Das hatte ihnen nicht gepasst. Wenn wir außerhalb gearbeitet hätten, hätten wir 2000 Mark bekommen. Aber die konnten es nie sagen: Sie waren jünger als Ibrahim und mussten ihm gehorchen, tun, was er sagte.« (Fatma Kaynar ebd.)

Letztendlich scheint die Ehe daran gescheitert zu sein, dass sich Ibrahim mit dieser Investition übernommen hatte. Die Eheleute sahen sich zunehmend seltener: »Also wir waren kaum zu Hause. Wenn er zu Hause war, war ich nicht zu Hause und umgekehrt. Die Kinder haben uns kaum gesehen. Seine Tochter musste auf meine aufpassen.« (Fatma Kaynar ebd.) Als weitere Belastung kam die Geburt des zweiten Kindes hinzu. Ibrahim fühlte sich offenbar zunehmend unter Druck und »rastete« immer häufiger »aus«.

»Hinterher meinte er dann immer: ›Ja, wir sind finanziell in einer schwierigen Situation. Deswegen raste ich aus. Und ihr kommt auf mich alle zu und wollt was von mir.‹ Am Anfang lief es schon gut mit den Einnahmen. Und dann unregelmäßig. Aber weil er viele Schulden hatte und zurückzahlen musste, blieb nichts übrig. Was reinkam, ging raus, um die Schulden abzuzahlen.« (Fatma Kaynar ebd.)

Alles deutet darauf hin, dass sich hier ein Teufelskreis einspielte: Auf Grund der Streitereien der Ehe scheint Fatma auf Distanz zu Ibrahim gegangen zu sein; er wiederum scheint darauf mit Eifersucht reagiert zu haben, was wiederum die Distanzierung verstärkte:

»Ich sollte im Laden arbeiten, aber keinen Kontakt mit den Menschen haben. Ich sollte auch die Kunden nicht anlächeln, nur das Nötigste sprechen. Das kann man aber einfach nicht. Wenn man so ein Gesicht zieht, kommt doch keiner mehr rein. Das wollte er aber nicht hören. Weil ich fähig wäre mit jedem zu flirten, der in den Laden kommt. So ging's dann immer. Die Streitigkeiten: ›Du hast dorthin geguckt, du hast dich so angezogen, du hast mich schief angeguckt, wie kannst du vor mir so reden.‹ Alles, was ich machte, passte ihm nicht. Bei ihm musste man Ja und Amen sagen.« (Fatma Kaynar ebd.)

Als es bei diesen Eheszenen immer häufiger zu Gewalt kam, floh Fatma ins Frauenhaus und ließ Ehemann und Kinder zurück.

Das ganze folgende Jahr war von mehr oder weniger hilflosen Versuchen Ibrahims bestimmt, seine Frau zu bewegen, wieder zu ihm und zu den Kindern zurückzukommen. Einmal versprach er, aus der gemeinsamen Wohnung auszuziehen, wenn Fatma zu den Kindern zurückkomme. Sie ließ sich darauf ein, kehrte aber wieder ins Frauenhaus zurück, als er keine Anstalten machte, seine Zusage zu halten. Oder er spionierte hinter Fatma her und bedrohte einen Mann, den er als ihren Liebhaber verdächtigte. Mehrere Verabredungen Ibrahims mit Fatma endeten mit Streitigkeiten. Fatma hatte das Gefühl, Ibrahim hätte über die Kinder Kontakt zu ihr gesucht.

Die Ereignisse in der Familie Kaynar sind bezeichnend für die komplexe Art und Weise, auf die in der Berliner Umgebung der Wert der Ehre weiterentwickelt wird. Anders als im Heimatdorf hängt das soziale, politische und ökonomische Überleben nicht mehr von der Wahrung der Ehre ab. Es mag zwar immer noch schmerzhaft sein, wie andere über einen denken – es hat aber keine existenzielle Bedeutung mehr. Dies führt zu einem erheblich gewachsenen Spielraum im Umgang mit Ehre und Ehrenhaftigkeit. Man kann dies auch so formulieren, dass in der urbanen Türkei und mehr noch in Deutschland der Komplex »Ehre« von einem Schutzschild zu einem moralischen Wert transformiert wird, über dessen genaue Auslegung es zunehmend divergierende Auffassungen gibt. Bezeichnend war etwa der Umgang mit der Institution der Ehe. Allein die Tatsache, dass Ibrahim und Fatma drei Jahre unverheiratet miteinander lebten, zeigt, dass für beide sich der Komplex »Ehre« im Wesentlichen auf Treue in der Beziehung beschränkte (mit anderen Worten: auf Fragen der Sexualmoral). Dies ist auch im Kontext der Subkultur der Berliner Türken außergewöhnlich – und war vielleicht nur deshalb möglich, weil beide schon einmal verheiratet gewesen waren (so dass Themen wie Jungfräulichkeit keine Rolle mehr spielten). Zwar vertraten die Eltern eine deutlich andere Meinung und ließen dies das junge Paar auch spüren. Dennoch arrangierten sie sich letztlich mit der Situation. Die Schwestern von Ibrahim, denen untersagt worden war, das junge Paar zu besuchen, hielten sich nicht an dieses Verbot.

Ein anderer Punkt der Auseinandersetzung betraf die Frage, wie weit man sich auch im Alltag den Regeln der Ehrbarkeit in Bezug auf Kleidung unterwerfen sollte. Während Fatma und Ibrahim in dieser Frage sehr offen waren, war Ibrahims Familie eher konservativ. Fatma schilderte die Missbilligung, auf die sie stieß:

»Mit der Zeit wurde es schlimmer [...] Ja, seine Frau schminkt sich, sie trägt kurze Röcke, färbt sich die Haare, trägt schulterfreie T-Shirts, ja sie geht zum Schwimmbad. Das alles war für mich normal, nicht aber für sie, die immer mit dem Kopftuch herumlaufen.« (Fatma Kaynar ebd.)

Weitere Meinungsunterschiede bezogen sich auf die Inszenierung und Darstellung von Ehrenhaftigkeit. Ein Beispiel sind die Kleidernormen in der Familie. Hier vertraten Ibrahim und Fatma gegen die Mehrheit in der Familie Kaynar etwa die Position, dass das Tragen offenen Haares (und eines Badeanzugs) nichts mit Fragen der Ehre zu tun hätten.

Eine weitere Differenz bestand offenbar in Hinsicht auf die Frage, inwieweit die Ehre eine primär persönliche und individuelle Angelegenheit oder eine primär kollektive, eine Familiensache ist. Einerseits mischte sich die Familie während der Anfangszeit der Beziehung von Ibrahim und Fatma massiv ein – was darauf hindeutet, dass die Kontakte des Sohnes nicht als seine Privatsache gedeutet wurden. Andererseits vertritt offenbar gerade Ibrahim die Position, dass er sein eigenes Leben lebt: Mit Fatma ging er eine Beziehung ein, die in dieser Form in Diyarbakır nicht möglich gewesen wäre.

Insgesamt scheint über die Jahre hinweg die von Ibrahim und Fatma vertretene Position an Akzeptanz gewonnen zu haben. Auch die anderen Familienangehörigen begannen, die Ehrangelegenheiten zunehmend als Privatsache der Einzelnen zu sehen: Entscheidend war, dass niemand die *eigene* Ehre durch das Verhalten von Fatma und Ibrahim in Frage gestellt sah. Als Ali sich über seinen Cousin bei Ibrahims Schwester beschwerte, sagte diese, dass ihn die Trennung Fatmas von Ibrahim »nichts angeht«. Typisch scheint mir auch die Äußerung einer anderen Schwester zu sein:

»Wie gesagt finde ich es insbesondere schlimm, dass sie die Kinder verlassen hat. Sicherlich bin ich auch durch ihr Verhalten verletzt, es ist aber auch so, dass ich hier in Deutschland aufgewachsen bin und ohnehin eine andere Einstellung zu dem ganzen Thema habe.« (Polizeiliches Vernehmungsprotokoll mit Esma Kaynar am 26.2.1996)

Die beiden Schwestern äußern sich hier auf eine Art und Weise, die nur auf Grund der Tatsache, unmittelbar nicht mehr betroffen zu sein, möglich ist: Weder wird ihr persönlicher Ruf darunter leiden noch werden ihre Ehechancen geschmälert werden.

Bei alldem hat man es mit einem komplexen Prozess zu tun. Wichtig ist, dass die unterschiedlichen Positionen nicht nur *zwischen* den Individuen ausgetragen werden, sondern offenbar auch *innerhalb* der Personen. Oft wird anders geredet als gehandelt, und nicht selten äußert man sich verschiedenen Personen gegenüber unterschiedlich.

Die Diskrepanz zwischen Reden und Handeln war vor allem bei Ibrahim auffällig. Vor allem bei Konflikten thematisierte er gerne, was Fatma eine »streng kurdische Lebenseinstellung« nannte. Eine Scheidung von Fatma käme für ihn nicht in Frage, »da dies bei den Kurden so sei, dass man nur einmal heiratet, und diese Ehe müsse bis zum Tod halten. Eine Scheidung würde den Tod bedeuten.« (Fatma Kaynar, Interview mit dem Verfasser am 20.5.1996) Eine bemerkenswerte Aussage für jemanden, der sich von seiner ersten Frau hat scheiden lassen! Auffällig ist auch, dass Ibrahim sich gegenüber seinen Eltern offenbar häufig anders äußerte als gegenüber Fatma. In derselben Zeit, in der er versuchte, sie zurückzugewinnen, charakterisierte er sie seiner Familie gegenüber als »ehrlos« und als »Nutte«. Damit manövrierte er sich in eine Zwickmühle: Er hatte immer Angst, dass die Treffen mit seiner ehemaligen Frau nach der Trennung im Verwandtenkreis publik würden:

»Das würde dann aber jetzt nicht gehen, weil er Angst hatte, wegen seiner Umgebung, wegen seiner Familie, was werden die dann sagen, weil er immer überall erzählt hat: ›Ja, meine Frau ist ne Nutte‹. Und doch hatte er immer Kontakt zu mir. Hat mich immer angerufen, hat mich immer gebeten, dass ich nach Hause käme. Und davor hatte er immer Befürchtungen, ja, was würden die Leute denn sagen: ›Ja, du hast noch gestern gesagt, dass sie schlecht wäre, und heute willst du sie wieder zurückhaben‹. Davor hatte er immer Angst.« (Fatma Kaynar, ebd.)

Diese Widersprüchlichkeit ist für jeden nachvollziehbar, der Trennungserfahrungen gemacht hat. Für den vierzehnjährigen Ali stellten sie allerdings eine Überforderung dar.

Die Vorgeschichte eines Mordversuchs

Als Fatma seinen Cousin verließ, reagierte Ali empört. Noch problematischer als ihr Verhalten war für ihn jedoch das von Ibrahim. Dieser reagierte nicht auf die Situation, wie es dem Code der Ehre entsprochen hätte (und wie er es ja auch verbal proklamierte), sondern versuchte, Fatma zurückzugewinnen.

Die inneren Nöte, die der junge Mann auszustehen begann, wurden besonders deutlich, als er mir beschrieb, dass er es in dieser Zeit nicht mehr gewagt hatte, seine Eltern in Diyarbakır anzurufen:

»Ich habe mir gesagt: ›Ich kann nicht mehr mit meinen Eltern telefonieren.‹ Sie werden [über uns] sagen: ›Sie wurden ehrlos. Sie kennen ihre Ehre nicht, auch du kennst deine Ehre nicht.‹ Bevor sie das sagen würden, wäre es besser, wenn ich mich selber töten würde. Deshalb. Ich sagte mir: Ich kann nicht mehr in das Gesicht meines Onkels schauen. Ich kann nicht mehr in das Gesicht meines Vaters schauen [...] Er ist nicht hier. Aber wenn ich telefoniere und er fragt: ›Was ist passiert, wie geht es Ibrahim?‹ Was soll ich da sagen? Ich schäme mich vor mir selbst.« (Ali Kaynar, Interview mit dem Verfasser am 23.5.1996)

Die imaginierte, vielleicht auch tatsächlich erlebte Situation betrifft die Unmöglichkeit, denen vor Augen zu treten, die als signifikante Andere dem jungen Mann die Begriffe und Vorstellungen von Ehre beigebracht hatten. Die Passage reflektiert die Gefühle von jemandem, der im dörflichen Kontext mit dem Wert der Ehre aufgewachsen ist. Sie artikuliert die große Bedeutung des Gefühls der Scham (vgl. Schiffauer 1983: 92): Scham ist – stärker als Schuld – mit Öffentlichkeit verbunden. Sie wird – weil eng mit dem Gefühl von Peinlichkeit verbunden – auch dann empfunden, wenn man, wie in diesem Fall, keinerlei Schuld an dem Vorfall trägt. Und sie ist, wie man auch im Türkischen sagt, mit dem Wunsch verbunden, »im Boden zu versinken« (*yere batmak*), beziehungsweise mit der Unmöglichkeit, demjenigen unter die Augen zu treten, vor dem man sich schämt.

Als Ali mitbekam, dass Ibrahim ein halbes Jahr nach der Trennung vorhatte, sich mit Fatma zu treffen, kam es darüber zu einer offenen Auseinandersetzung. Ali beschrieb sie folgendermaßen:

»Zwei Monate vor der Tat haben wir uns gestritten. Und dann bin ich gegangen. Er ging um seine Frau zu holen, er hat seine herumstreunende Frau gesucht, um sie zurückzuholen. Er sagte: ›Sie ist die Mutter meiner Kinder und meine Frau.‹ Er ist gegangen, sie zu suchen [...] Er sucht sie, um sie zurückzubringen. Ich habe ihm deswegen gezürnt. Die Ehrlose (*namussuz*) ist gegangen. Er macht das, obwohl er weiß, dass sie mit anderen ein Verhältnis hat. Trotzdem will er sie zurückholen. Ich habe darauf gesagt: *Namus diye bir şey bilmiyorsun* [›Du weißt nicht, was Ehre heißt‹]. Du bist hierher gekommen und hast alles vergessen.‹ Und bin zur Tür rausgegangen.« (Ali Kaynar, ebd.)

In diesen Äußerungen prallen ein dörflich geprägter Ehrbegriff und ein städtischer aufeinander. Zum besseren Verständnis muss man wissen, dass der Sohn des Onkels väterlicherseits eine ähnliche Stellung hat wie ein älterer Bruder: Man ist gehalten, ihm auf ausgeprägte Weise Respekt zu erweisen. Dem Älteren darf man nicht widersprechen, man darf nicht in seiner Gegenwart rauchen, sich nicht gehen lassen. Auf diesem Hintergrund mag man ermessen, wie aufwühlend dieser offene Streit für den Jüngeren gewesen sein muss. Es war ihm nach dem Streit kaum noch möglich, bei Ibrahim zu wohnen. Er suchte deshalb Unterschlupf bei einem Freund:

»Ich ging zu ihm und sagte: ›Ich ertrag es nicht. *Herifin namusu evinden gitmiş* [›die Ehre dieses Kerls ist aus dem Haus gegangen‹] und er versucht sie wieder nach Hause zu bringen. Ich habe so etwas noch nicht gesehen. Ihnen kommt alles normal vor. Ich kann das nicht für normal halten‹. Er sagte bloß: ›Komm rein. Mach Dir keinen Kopf.‹« (Ali Kaynar, ebd.)

Nicht nur Ibrahims Verhalten, auch die Reaktionen im Verwandtenkreis machten Ali betroffen. Mehrmals sprach er das Verhalten Ibrahims an. Aynur, Ibrahims Schwester, berichtete von einem dieser Gespräche:

»Ich kann mich noch daran erinnern, dass der Ali, als er erfahren hat, dass Ibrahim und Fatma sich scheiden lassen, sehr aufgeregt war. Er sagte immer wieder, dass er es nicht verstehen kann, wie es möglich sei, dass eine Frau sich von ihrem Mann scheiden lässt. Mein Bruder Ibrahim sagte dazu nur: ›Lass doch, das ist doch ganz normal‹. Insgesamt war Alis Einstellung gegenüber der Fatma sehr ablehnend. Manchmal äußerte er Sachen wie: ›Die wird noch mal was erleben‹ [...] Auch bezüglich meines Bruders war er aggressiv, weil er einfach nicht verstehen konnte, dass für diesen eine Scheidung völlig normal war.« (Polizeiliches Vernehmungsprotokoll mit Esma Kaynar am 26.2.1996)

Ähnlich verlief offenbar auch ein Gespräch mit der anderen Schwester Ibrahims. Sie äußerte gegenüber dem Vernehmungsbeamten:

»Als ich sagte, dass ich gerade mit Fatma und meinem Bruder essen war, sagte der Ali zu mir: ›Die Alte bringe ich noch einmal um.‹ Das war, nachdem Fatma sich von meinem Bruder getrennt hatte. Ich sagte zu ihm, dass ihn das nichts angeht. Er sagte nochmals, dass er die Fatma einmal umbringen wird. Als ich ihn fragte, warum er das tun wolle, antwortete er: ›Du weißt doch, wie unsere Sitten sind.‹ Als ich ihn fragte, was er meint, antwortete er, dass Fatma nicht einfach ihren Mann verlassen kann, das wäre gegen die Sitten.« (Vernehmungsprotokoll Aliye Kaynar am 2.2.1996)

Was Ali bei diesen Gesprächen offenbar besonders zu schaffen machte, war die Beiläufigkeit, mit der seiner Meinung nach unter Berliner Türken registriert wird, was in Diyarbakır als existenzielle Katastrophe für die Familie gewertet worden wäre. Das Thema der »Normalität« bestimmte schon die erste Aussage nach der Tat gegenüber der Polizei:

»Seit zwei Monaten spreche ich mit all den anderen Bekannten und Verwandten nicht mehr. Ich spreche nicht mehr mit ihnen, weil ich nicht wie sie sein kann. Für sie ist alles normal, für mich nicht.« (Polizeiliche Vernehmung von Ali Kaynar am 26.12.1995)

Die gleiche Fassungslosigkeit, mit der er registriert, dass offenbar in Deutschland andere Maßstäbe gelten, drückte er mir gegenüber folgendermaßen aus: »Sie [die Türken] machen [in Deutschland, W.S.] das, was sie wollen, ob Mädchen oder Junge, sie machen das, was sie wollen. Niemand mischt sich ein... Das ist für mich etwas schwer. Ich verstehe es nicht. Es ist schwer.«

Tatsächlich scheint ihm die Kultur der Deutsch-Türken in Berlin nicht nur sehr fremd geblieben zu sein – er scheint sich auch direkt dagegen gewehrt zu haben. Bezeichnend ist der im Gespräch mit mir wiederholt artikulierte Vorwurf, die Türken hier seien »verdeutscht« (*almanlaşmış*): Dieser Vorwurf greift das in der Türkei weit verbreitete Stereotyp über die »Deutschländler« (*alamancı*) auf – ein Negativklischee, durch welches den in Deutschland lebenden Türken vor allem der völlige Verfall der Sitten unterstellt wird. Ali scheint mit diesem Klischee im Kopf bereits nach Deutschland gekommen zu sein – in der festen Absicht, sich nicht in diesem »Sumpf« zu verlieren.

Es fehlte offenbar nur noch ein Anlass, um die Katastrophe herbeizuführen. Er wurde von seinen Freunden geliefert. Offenbar entnervt von seinem ständigen Insistieren auf Ehre und seinen Äußerungen über die verdeutschten Türken, wiesen sie ihn darauf hin, er solle gefälligst vor der eigenen Tür kehren:

»Sie haben gesagt: ›Du redest von Ehre, was wir für die Ehre machen würden‹; er sagte: ›Wo ist denn deine [eigene] Ehre, deine Ehre ist von zu Hause weggegangen und zu jemand anderem gegangen, sie geht hierhin, dorthin.‹ Ich habe den Jungen verflucht: ›Warum redest du so? Rede nicht mit mir, geh.‹ Das war ungefähr einen (?) Monat vor dem Vorfall.« (Ali Kaynar, Interview mit dem Verfasser am 23.5.1996)

Es sind in der Regel banale Situationen dieser Art – Äußerungen, die derjenige, der sie macht, am liebsten wohl in dem Moment schon wieder ungeschehen machen möchte –, die immer wieder zum Ausbruch von Ehrkonflikten führen. Wichtig ist, dass sich eine sehr ähnliche Szene unmittelbar vor der Tat zutrug. Nach einem Besuch in der Diskothek kam die Freundesgruppe zufällig an dem Lokal vorbei, in dem Fatma arbeitete:

»Ich habe sie gesehen, als wir vorbeigingen. Einer der Freunde hat gesagt: ›Komm, wir gehen rein.‹ Ich sagte: ›Nein.‹ Als ich das sagte, fragte er: ›Warum?‹ – ›Da ist eine Frau, die ich nicht leiden kann.‹ Als sie hineinschauten [fragten sie]: ›Ist das nicht Ibrahims ehemalige Frau?‹ Ich sagte: ›Ich kann nichts sagen. Komm, wir gehen.‹ Wir gingen nicht rein [...] Sie sagten: ›Wenn es meine Frau gewesen wäre, würde sie nicht leben.‹« (Ali Kaynar, ebd.)

Es war wahrscheinlich weniger der markige Spruch, sondern ein eher generelles Gefühl, bloßgestellt zu sein, was ihn schließlich zur Tat bewegte:

»Ob du willst oder nicht, betrifft dich das Gerede. Wenn aus einer Familie etwas entsteht, dann sind alle ehrlos. Wenn man ins Gerede kommt, beginnt der Klatsch. Ich kann das nicht ertragen. Wenn hinter meinem Rücken gesprochen wird, kann ich das nicht ab.« (Ali Kaynar, ebd.)

Die Tat

Ali fühlte sich, wie wir in der Einleitung gesehen haben, in der Pflicht, die Familienehre wiederherzustellen. Dieser »ethische Imperativ« scheint sich mit einem sehr pubertären Motiv verbunden zu haben, nämlich mit dem Leiden an einer Erwachsenenwelt, die nur als heuchlerisch – wenn nicht gar als ekelhaft – empfunden wird, weil »die Älteren« noch nicht einmal versuchen, den Normen und Werten gerecht zu werden, die sie selbst vertreten (und die sie ihm selbst beigebracht hatten).

»Aber ich habe mein Verständnis der Ehre von ihnen, ich hatte die Bräuche und Sitten von ihnen. Wenn sie mir das nicht so vermittelt hätten, hätte ich nicht so gedacht, hätte ich diesen Fehler nicht gemacht.« (Ali Kaynar, ebd.)

Was hier nach der Tat melancholisch klingt, dürfte vor der Tat als bewusste Empörung empfunden worden sein.

Dieser im Prinzip pubertäre Versuch paart sich mit einer nicht weniger jugendlichen Selbstüberschätzung: »Ich habe mir das so gedacht: Wenn ich das mache, wird die Familie sagen: *Helal olsun* [›Sohn, du hast unsere Ehre gerettet‹]. Der unübersetzbare Ausdruck *helal olsun* wird verwendet, wenn eine offene Schuld beglichen wird, wenn man wieder quitt ist. In diesem Zusammenhang klingt er wie ein Glückwunsch. Er wäre – kurz gesagt – der Held gewesen, der die Familienehre wiederhergestellt hätte. Umso tiefer ist seine Enttäuschung, dass die Familie Kaynar nicht so reagierte, wie er erwartet hatte:

»Das habe ich erwartet. Aber was haben sie gemacht? Sie haben weder einen Rechtsanwalt genommen, sie haben mir das Mädchen, das ich liebe, genommen, alles fügten sie mir zu [...] Sie warfen Steine auf mich. Sie wurden Zeugen gegen mich. Sie haben nicht meine Partei ergriffen, sie haben die Partei der Frau ergriffen. Jetzt verstehe ich: Ich habe einen Fehler gemacht. Was geht's mich an. Wenn das Volk so *şerefsiz* [›ohne Stolz/Selbstachtung‹] ist, dann muss ich auch *şerefsiz* sein und so durchkommen.« (Ali Kaynar, ebd.)

Pubertär-trotzig mutet auch an, wenn er sagt:

»Wenn ich hier rauskomme, möchte ich niemanden von der Familie mehr sehen. Ich habe keine solche Familie. Ich werde nur noch für mich leben.« (Ali Kaynar, ebd.)

Es korrespondiert im Übrigen mit seiner Darstellung, dass er die Tat so umsetzte, wie es fast schon klischeehaft den Ehrvorstellungen entspricht. Er lauerte Fatma nicht etwa heimlich auf, sondern konfrontierte sie in der Öffentlichkeit des Lokals mit ihrer Verfehlung:

»Ich bin in aller Öffentlichkeit hineingegangen. Sie sollen wissen, dass es um unserer Ehre willen ist. Sie sollen wissen, dass man nicht mit der Ehre von jemandem herumspielt und dass man ein sechs Jahre altes und ein sechs Monate altes Kind nicht verlässt. Sie kann nicht die Kinder verlassen und zu jemand anderem gehen. Niemand darf mit der Ehre eines anderen spielen [...]« (Ali Kaynar, ebd.)

In der beklemmendsten Passage unseres Gespräches schilderte er die Überwindung, die ihn die Verfolgung dieses Wahns kostete: Schließlich hatte er persönlich ein gutes Verhältnis zu Fatma gehabt.

»Sie hat sich mir immer gut gegenüber verhalten. Es war nichts zwischen uns. Was ich auch gemacht habe, sie hat sich nicht eingemischt [...] wir haben uns unterhalten [...] ich bin mit ihr sehr gut ausgekommen.« (Ali Kaynar, ebd.)

Er war sich nicht sicher, ob er auf sie würde schießen können, und steigerte sich deshalb bewusst in eine Wut hinein:

»Wenn man so will, hat sie mir mit nichts etwas zuleide getan. Weil sie mir nichts angetan hat, habe ich mir alle schlechten Sachen ins Gedächtnis gerufen. Wenn ich mir die guten Sachen in Erinnerung gerufen hätte, hätte ich es nicht machen können. Aber indem ich die schlechten Sachen in Erinnerung brachte, konnte ich mich entscheiden [...] Ihre Fehler habe ich mir in Erinnerung gerufen [...] Sie soll sich etwas fürchten und nicht noch einmal mit der Ehre von irgendjemanden herumspielen. Wenn ich sie nicht erschrecke, dann wird sie irgendwann wieder mit der Ehre von irgendjemanden herumspielen. Wenn ich sie bestrafe, dann wird sie wissen: Wenn ich mit seiner Ehre herumspiele, wird auch er mich bestrafen. Es soll Blut fließen [...] sie soll sich fürchten [...] Beim Schießen habe ich nichts empfunden. Ich habe mich verloren.« (Ali Kaynar, ebd.)

Den letzten Anlass bot eine Banalität. Er betrat den Laden, und Fatma, nichts ahnend, stellte ihn den anderen Anwesenden vor:

»Dann hat sie mich den anderen vorgestellt: ›Das ist der Cousin von Ibrahim, also der Cousin von meinem ehemaligen Ehemann.‹ [...] Als sie das gesagt hatte, stieg Blut in meinen Kopf, und ich dachte: ›Das reicht‹. Dann habe ich sie bestraft.« (Ali Kaynar, ebd.)

Auch hier erscheint als letztes Motiv die Wut über die Normalität, mit der im Kreis der Deutsch-Türken offenbar das für Ali Existenziell-Skandalöse verhandelt wird. Man wird die Passage so interpretieren dürfen, dass Fatma, anstatt schamhaft die Tatsache der Scheidung zu verschweigen, Ali mit der größten Beiläufigkeit als Cousin ihres Ex-Mannes vorstellte.

Gegenläufige Tendenzen

Der Fall Kaynar ist aufschlussreich, weil aus ihm die Faktoren deutlich werden, die die Entwicklung von Werte- und Deutungsmustern in der Migration bestimmen. Dabei gibt es ein komplexes Ineinander und Gegeneinander von *wertetransformierenden* und *wertestabilisierenden* Prozessen. Stellen wir die verschiedenen Aspekte dar und beginnen wir mit den wertetransformierenden Prozessen:

1. Mit der Migration verliert die Ehre ihren zwingenden Charakter. Der gesellschaftliche Zwang fällt weg, für die Ehre jederzeit und unbedingt einzustehen – oder wenigstens die Bereitschaft dazu nach außen mit Nachdruck zu demonstrieren.

2. Damit wächst der Freiheitsspielraum der Familienmitglieder erheblich. Der Vater Ibrahims mag zwar das Zusammenleben von Ibrahim und Fatma als unverheiratetes Paar verurteilen, aber er muss nicht den endgültigen Bruch vollziehen, zu dem er in Kurdistan aus Gründen der Reputation gezwungen gewesen wäre. Auch die Stellung der Schwestern von Ibrahim wird durch die Handlungen ihrer Schwägerin und ihres Bruders nicht tangiert. In der großstädtischen Umgebung ist das Schicksal Einzelner weit weniger von dem Verhalten anderer Familienangehöriger abhängig als in der ländlichen Türkei.

3. Die Idee der *Familien*ehre verblasst auf diesem Hintergrund. Man kann und wird zwar noch stolz auf die Familie sein oder

sich ihr verpflichtet fühlen. Aber aus einer auf äußerer Notwendigkeit beruhenden Zwangsgemeinschaft wird eine auf gefühlter Loyalität basierende Solidargemeinschaft. Dies geht oft mit durchaus stark empfundenen Verpflichtungen einher: Ibrahims Entscheidung für die Einrichtung des Imbisses ist ein Beispiel dafür. Diese Verpflichtungen haben aber einen zunehmend ethischen und innerlichen Charakter.

4. Dem korrespondiert eine *Individuierung* des Wertes der Ehre. Die Wahrung der Ehre wird immer mehr zur persönlichen Sache des Einzelnen – es geht um die Ehre Ibrahims oder Fatmas, nicht aber um die Ehre der Kaynars.

5. An Ehre orientiertes Handeln verliert seinen formalen und ritualistischen Charakter. Die feste Koppelung von Werten und Normen wird zunehmend gelockert. Damit wächst Flexibilität. Von einer bestimmten Weise sich zu kleiden wird nicht mehr ohne weiteres auf Ehrbarkeit oder Ehrlosigkeit geschlossen. Es kommt zu einer generellen Abwertung der Normen: Auch die, die sich ehrenhaft geben, können ehrlos sein und umgekehrt.

6. Werte wie Ehre nehmen den Charakter allgemeiner Maximen an. Für Fatma und Ibrahim war Ehre im Wesentlichen eine Sexualethik, die Treue und Loyalität betonte, und bestand darüber hinaus aus Prinzipien wie Ehrlichkeit, Aufrichtigkeit etc. Dies führt ebenso zur *Generalisierung* des Wertes. Er wird zunehmend unabhängig vom Status: Die scharfe Unterscheidung von männlicher Ehre, die auf Stärke und Virilität beruht, und weiblicher Ehre, die auf Keuschheit beruht, verblasst zunehmend.

7. Die Meinungen, was denn Ehre nun eigentlich ist, treten infolge all dieser Prozesse immer mehr auseinander. Die Differenzen zwischen dem »progressiven Flügel« in der Familie, den Ibrahim und Fatma eine Zeit lang eingenommen haben, und dem »konservativen Flügel«, der von den Eltern vertreten wurde, ist durchaus bezeichnend. Nicht weniger bezeichnend ist, dass beide »Flügel« eine Zeitlang nebeneinander existierten.

Neben diesen Faktoren, die in Richtung Wertewandel durch Individuierung, Subjektivierung und Generalisierung wirken, gibt es jedoch auch Faktoren, die einen gegenläufigen, also *wertestabilisierenden* Effekt haben:

1. Die Rhetorik der Ehre existiert weiter. Es handelt sich um ein Deutungsschema, das immer wieder in Anschlag gebracht wird, auch wenn es die komplexe Erfahrung in unzumutbarer Weise reduziert. Zwei Beispielen sind wir in diesem Fall begegnet: Ibrahim charakterisierte Fatma gegenüber seiner Herkunftsfamilie als »Nutte« – und damit als ehrlos. Und der Freund Alis sagte über Fatma: »Wenn es meine Frau wäre, dann würde sie nicht mehr leben.« Derartige Äußerungen sind nur eingeschränkt wörtlich zu nehmen. Es handelt sich um Schablonen, mit denen man sich untereinander verständigt, auf deren Basis man ein (scheinbares) Einvernehmen für den Moment entwickelt. Dies gibt es häufig. Man »zieht über jemanden her« und stellt damit auf Kosten Dritter eine Gemeinschaftlichkeit her. Kulturelle Schablonen (über »Männer« oder »Frauen« z.B.) eignen sich besonders dazu. Derartige Sprachspiele wirken offenbar in Situationen von Anspannungen oder Krisen als entlastend. In solchen Situationen können sie allerdings, wie wir in diesem Fall gesehen haben, eine fatale Wirkungsmächtigkeit entfalten.

2. Diese Mechanismen sind besonders wichtig, wenn es darum geht, von inneren Problemen in Gruppen abzulenken. Bei der Familie Kaynar hat man den Eindruck, dass sie über Fatma herzieht, um durch eine Projektion auf die ehrlose Außenseiterin von der drohenden Pleite des Imbisses, von den Spannungen zwischen Ibrahim und seinem Vater, von den Schwierigkeiten zwischen Ibrahim und den familial verbundenen Angestellten abzulenken. Wird hier der Familialismus gestärkt, so im Fall der Freundesgruppe die Männersolidarität. Wenn man so will, nutzen Familie und Freundesgruppe den traditionalen Wert als Ressource, um Loyalität in einer Situation aufzubauen, in der sie nicht mehr selbstverständlich gilt. Dies kann umso wichtiger werden, je bedeutsamer diese Gruppen für den Einzelnen werden. In diesem Fall war die Bedeutung durch das Nutzen der

Familie für den Aufbau eines *ethnic business* und der Gleichaltrigengruppe als Ort des Rückhalts gegeben.

3. Auch die Lebensphase kann wertestabilisierend wirken. Ibrahims Fall ist bezeichnend: Er hat zunächst gegen den Wert rebelliert und Fatma geheiratet. Je älter er wurde, desto wertkonservativer wurde er. Der entscheidende Schritt scheint nämlich der gewesen zu sein, dass er seine Rolle im Familienverband mit der Eröffnung des Imbisses neu ausfüllte. Gegenüber den jungen Männern, die bei ihm arbeiteten, trat er zunehmend autoritär auf; gegenüber Fatma gebärdete er sich immer konservativer, was sich etwa in den Eifersuchtsdramen äußerte. Er entwickelte sich im Laufe seines Lebens immer mehr zu jemandem, der, wie Fatma es ausdrückte, eine »streng kurdische Lebenseinstellung« vertrat.

4. Eine wichtige Rolle spielen die Jungmännergruppen beziehungsweise Eckensteherkulturen in den Einwanderervierteln. Ali selbst ist nicht in Deutschland aufgewachsen, wohl aber die jungen Männer, mit denen er verkehrte. Gerade in diesen Jungmännergruppen und -banden wird exzessiv Gebrauch von einer Rhetorik der Ehre gemacht. Gleichzeitig wird gerade hier deutlich, wie sehr sich der Wert der Ehre in einen anderen Kontext einschreibt und damit eine ganz andere Bedeutung annimmt. Ging es in der ländlichen Türkei primär um die Behauptung einer Familie gegen die anderen, so geht es in Deutschland primär um die Abgrenzung von »Ausländern« gegenüber Deutschen. »Wir sind Türken, wir haben Ehre.« »Ehre« wird damit zum ethnischen *Marker*, durch den Selbstbehauptung, Stolz, Widerstand und Differenz gekennzeichnet werden. Der familiale Bezug tritt damit zurück, und damit auch der enge Bezug zu den Werten von Achtung und Respekt, die zentral für den Ehrbegriff in der ländlichen Türkei sind. Verloren geht auch der Bezug zum gesellschaftlichen Ansehen (*şeref*) – zur Würde, die man über die selbstverständliche Wahrung von Integrität für sich reklamiert. Stattdessen dient die Berufung auf Ehre der Identitätsartikulation von Männern in Außenseiterposition – und fällt entsprechend laut und schrill aus. Diese Reklamation von »Ehre« wird zum Kennzeichen von »der Straße«,

von proletarischen Jugendlichen: Für türkischstämmige Mittelschichten ist es nicht weniger kränkend, wenn diese proletarische Version von Ehre global mit »türkischer Kultur« identifiziert wird, als es für deutsche Mittelschichten wäre, wenn der Rassismus Brandenburger Neonazis als typisch für die deutsche Kultur erklärt würde.

5. Ein weiteres wertkonservatives Element spielt hier keine Rolle, wohl aber in anderen Fällen. Die Angst vor dem Fremd-Werden der eigenen Kinder kann zu einer wertkonservativen Erziehung führen, in der die eigenen Normen und Werte gegen die der deutschen Gesellschaft gestellt werden. Auch hier wird insbesondere die Sexualethik (und damit die Frage der Ehre) ins Zentrum gestellt, um die Unterschiedlichkeit zur Mehrheitsgesellschaft zu betonen. Dies führt übrigens dazu, dass in Migrationssituationen eine wertkonservative Haltung oft eine größere Rolle spielt als etwa in den Großstädten der Heimatländer.

6. Schließlich hat der anhaltende Nachzug aus der Türkei weitgehende Konsequenzen auf die Entwicklung der Werte. Ali Kaynar war in dieser Hinsicht keine Besonderheit. Vor allem der Nachzug von Heiratspartnern aus ländlichen Gebieten der Türkei ist konfliktträchtig. Dabei spielt neben den Differenzen, die sich aus den unterschiedlichen Lebenserfahrungen ergeben, auch die gegenseitige Klischeebildung eine große Rolle. In der Türkei existieren Klischees über die *alamancı* – und tatsächlich finden sie dann gelegentlich, wie in diesem Fall, ihre Bestätigung. Umgekehrt werden die Neuankömmlinge aus der Türkei leicht als *kıro* – als Hinterwäldler – gesehen und erfahren eine entsprechende Abwertung.

Das Gegeneinander von wertetransformierenden und wertestabilisierenden Tendenzen führt zu einem komplexen Webmuster. Es ist wahrscheinlich angemessener, von »den Ehrbegriffen« im Plural zu sprechen als von »dem Ehrbegriff« im Singular. Dies bedeutet, dass der bloße Verweis auf »Ehre« nichts erklärt. Man muss in jedem einzelnen Fall neu klären, worauf der Wert sich bezieht und wie er verwendet wird. Einige – aber bei weitem nicht alle – Fragen, die man stellen muss, werden aus dem Fall deutlich: In welcher Form ist man mit dem Wert in seiner Kindheit vertraut gemacht worden? Wird die Ehre eher als Familienehre verstanden oder als persönliche Ehre? Was hängt von der Zerstörung des Rufs der Familie ab: Erwächst den Einzelnen sichtbarer Schaden durch die »Ehrlosigkeit« eines anderen Familienmitglieds? Ist Ausgrenzung zu befürchten? Wird ein kollektiver Druck auf einen Einzelnen (in der Regel einen jungen Mann) ausgeübt, die Ehrvorstellungen in die Tat umzusetzen?

Zurück zur Parallelgesellschaft

Kehren wir zum Schluss zu unserer Ausgangsfrage zurück. Was sind die Implikationen all dessen für die Diskussionen über die Parallelgesellschaft? Zunächst: Das vor allem von Necla Kelek (2006: 19) suggerierte Bild von einer modernisierungsresistenten Einwanderergemeinde, die einer archaischen Stammeskultur verpflichtet bleibt und in der eine Ehre teilende Gemeinschaft alles ist, das Individuum aber nichts, lässt sich nicht aufrechterhalten. Wenn man den Fall betrachtet, sieht man, dass familiale Zugehörigkeiten selbstverständlich eine wichtige Rolle spielen – aber sie werden verhandelt, unterschiedlich ausgelegt und sehr verschieden ausgelebt. In der Tat hat man den Eindruck, dass einiges zusammenkommen musste, damit es zum versuchten Ehrenmord kam: Ein pubertärer Konflikt, eine schwierige Migrationsgeschichte, ein langes und quälendes Hin und Her nach der Trennung, zufällige Begegnungen.

All dies lässt erwarten, dass Ehrenmorde Ausnahmeerscheinungen sein dürften. Diese Vermutung wird durch die Ergebnisse einer Bund-Länder-Abfrage bestätigt, die 2006 erfolgte – offenbar ausgelöst durch den Fall Sürücü. Nach dieser Erhebung gab es vom 1.1.1996 bis 18.7.2005 insgesamt 55 Fälle von Ehrenmorden (einschließlich Versuche) – wobei Blutrachedelikte nicht berücksichtigt wurden. Dabei kamen 36 Frauen und 12 Männer zu Tode. Angesichts von 25.687 Fällen von Mord und Totschlag (einschließlich Versuchen) im gleichen Zeitraum (Polizeiliche Kriminalstatistik – Grundtabelle) sind dies sehr wenige Fälle. Dies ist auch angesichts der erheblichen familialen Probleme in Einwandererfamilien bemerkenswert: Nur in sehr seltenen und eben deshalb erklärungsbedürftigen Ausnahmen verhalten sich Einwanderer so, wie es die traditionale Rhetorik der Ehre in diesen Fällen von ihnen verlangt. Dies bedeutet selbstverständlich nicht, dass nicht jeder Mord furchtbar ist. Es bedeutet aber, dass zu einer Dramatisierung des Phänomens kein Anlass besteht. Vor allem kann keine Rede davon sein, dass sich hier ein paralleles Rechtssystem mit eigener Rechtsprechung herausgebildet habe. Dazu gibt es viel zu wenig Konsens über die Inhalte und die Bedeutung von Ehre.

Dies bedeutet natürlich nicht, dass es kein erhebliches Gewaltproblem in den Einwanderervierteln gibt. Eine Schülerbefragung von Christian Pfeiffer ergibt ein gemischtes Bild. Einerseits ist die Gewalt an den Schulen (entgegen der Medienberichterstattung) rückläufig. Andererseits gibt es eine deutliche Zunahme ethnischer Gewalt:

»In München, Stuttgart, Schwäbisch-Gmünd, Kassel, Oldenburg und Dortmund dominieren heute mit über 60 % der Vorfälle solche Taten, mit denen Angehörige verschiedener ethnischer Gruppen aufeinander prallen.« (Pfeiffer 2005: 3)

Nach Pfeiffer sind besonders Jugendliche aus Jugoslawien und der Türkei belastet. Pfeiffer führt dies auf ein Faktorenbündel von sozialer Lage, dem Erlebnis innerfamiliärer Gewalt,[1] vor allem aber die Akzeptanz Gewalt legitimierender Männlichkeitsnormen zurück:

»Unsere multivariaten Datenanalysen zeigen, dass nichts die Gewaltbereitschaft männlicher Jugendlicher stärker fördert als die Identifikation mit den Werten der Macho-Kultur. [...] Die Akzeptanz solcher Männlichkeitsnormen wird wiederum stark gefördert durch die soziale Randlage, durch die Erfahrung innerfamiliärer Gewalt und durch häufigen Konsum von brutalen Action Filmen und von Computer-Kampfspielen.« (2005: 3)

Es gibt ein Problem mit Delinquenz in den Einwanderervierteln. Dieses Problem hängt in der Tat auch mit »Kultur« zusammen – insofern als ein Aufwachsen mit der Rhetorik der Ehre auch dann ihre Spuren hinterlassen wird, wenn die dahinter stehende Realität brüchig geworden ist – besonders dann, wenn diese Rhetorik in Eckensteherkulturen eine eigene Färbung annimmt. Aber es ist kein Problem »der« Kultur – in dem Sinn, dass es sich hier nicht um ein von einer ethnischen Gemeinschaft akzeptiertes, bejahtes oder gar befürwortetes Verhalten handelt, wie es in dem Bild der Parallelgesellschaft anklingt.

Der Unterschied wird besonders deutlich in Bezug auf die Rolle der islamischen Gemeinden bei diesem Prozess. Wenn – wie mit dem Begriff der Parallelgesellschaft – das Bild einer geschlossenen Kultur gezeichnet wird, liegt der Schritt nahe, die Gewalt in den Einwanderervierteln mit dem Islam in Verbindung zu bringen. Kelek etwa identifiziert die »für die islamische Community verpflichtenden Gebote« mit »Respekt, Ehre und Schande« (2006: 23); Broder schreibt, dass »eine direkte Linie von der Al Qaida im Irak und der Intifada in Palästina zu den Jugendlichen mit ›Migrationshintergrund‹ in Neukölln und Moabit«[2] führe und auch der wesentlich differenziertere Jörg Lau beendet seinen Artikel zu den Ehrenmorden mit einem Verweis auf die schnell voranschreitende Reislamisierung von Jugendlichen (Lau 2005).

Wissenschaftlich ist der enge Nexus von Islam und Ehrdenken nicht haltbar. Tatsächlich ist das Wertesystem der Ehre völlig unabhängig von der Religion im gesamten ländlichen Mittelmeerraum verbreitet: von Spanien, über Süditalien, das ehemalige Jugoslawien, Griechenland, Albanien, die Türkei, den nahen Osten bis hin zum nordafrikanischen Raum.[3] In dieser ganzen Region ist das Ehrdenken mit der Urbanisierung zu einem Unterschichtsphänomen geworden: Es wird mit Rückständigkeit assoziiert. Die Verbreitung des Ehrdenkens in Mafia- und Camorra-Kreisen ist gut belegt. Allenfalls könnte man argumentieren, dass eine religiös motivierte Betonung von Keuschheit, ehelicher Treue und einem Patriarchalismus eine Wahlverwandtschaft zu den Reinheitsnormen hat, die dem Ehrdenken zu Grunde liegt. Dies gilt aber nicht weniger für den Katholizismus oder das orthodoxe Christentum als für den

Islam. Von all diesen Religionen werden Ehrdelikte verurteilt. Was den Islam betrifft, so gibt es nicht nur auf der Ebene der Theologie, sondern auch im Alltag ein klares Gefühl von der Spannung zwischen islamischen Normen und Werten und den Regeln der Ehre. Schon in der ländlichen Türkei wird häufig die Position vertreten, dass das Leben in Gottes Hand stehe – und entsprechend sagt man bei einem Ehrkonflikt, dass »vom Islam nichts geblieben sei« (*islamiyet kalmadı*). Damit soll nicht geleugnet werden, dass die Grenzen zwischen dem Ehrdenken und der Religion manchmal verschwimmen – so dass jemand, der einen Mord im Namen der Ehre exekutiert, subjektiv durchaus meinen kann, er sei ein guter Muslim oder Katholik. Das Bewusstsein einer prinzipiellen Differenz zwischen Religion und dem Wertsystem der Ehre erlaubt jedoch Ansatzpunkte, an denen Eliten einhaken können. Dies ist nicht zuletzt deshalb wichtig, weil man in der Auseinandersetzung mit der Gewalt auf der Straße die islamischen Gemeinden mit ins Boot holen kann. Davon mehr im nächsten Kapitel.

Anmerkungen

1 15-Jährige aus türkischen Familien wurden im Jahr 2004 mehr als dreimal so oft von ihren Eltern misshandelt als einheimische Deutsche (12,2 % zu 3,7 %). Und sie erlebten mehr als viermal so oft, dass die Eltern sich untereinander prügelten (28,5 % zu 6,4 %) (Pfeiffer 2005: 3).

2 www.cicero.de/97.php?ress_id=4&item=1287

3 Siehe hierzu den klassischen Sammelband von Peristiany (1966), der Fallstudien zu Griechenland (Campbell), nordafrikanischen Beduinen (Abou Zeid); Andalusien (Pitt-Rivers), Zypern (Peristiany) und Algerien (Bourdieu) enthält. Der Sammelband von Gilmore (1987) enthält Fallstudien zu Libyen (Davis); der Türkei (Delaney), Marokko (Marcus), Andalusien (Gilmore), Sizilien (Giovannini). Für Albanien siehe den Roman von Ismail Kadaré (1989): Der zerrissene April.

3. Die islamischen Gemeinden in der »Parallelgesellschaft«

Vor allem die wertkonservativen islamischen Gemeinden sind in den Brennpunkt der Auseinandersetzungen um parallelgesellschaftliche Tendenzen gerückt. Der Vorwurf lautet, dass die islamischen Verbände die ohnehin existierenden Tendenzen zur Abschottung und Abkapselung von Einwanderern religiös rechtfertigen. Die Differenzen zur Mehrheitsgesellschaft vor allem in Hinblick auf die Stellung der Frau würden betont. Vor allem den Jugendlichen würde ein Bild der moralischen Verkommenheit des Westens und der Überlegenheit einer islamischen Normen- und Werteordnung vermittelt. Letztendlich würden sie versuchen, in Stadtteilen Inseln aufzubauen, um dort ihre Regeln durchzusetzen. Opfer dieser Versuche seien insbesondere säkulare Muslime, besonders Frauen, die sich zunehmend sozialem Druck, etwa in Hinblick auf das Tragen von Kopftüchern, ausgesetzt sehen. Während dieses Unbehagen allen islamisch-konservativen Gemeinden gilt, steht doch die größte dieser Gemeinden, die Islamische Gemeinde Milli Görüş (im Folgenden: IGMG)[1] im Zentrum der Auseinandersetzung.[2]

In diesem Kapitel soll deshalb die Stadtteilarbeit dieser Gemeinde näher beleuchtet werden. Die Aufmerksamkeit gilt dabei drei Aspekten, die in der Kritik immer wieder genannt werden – nämlich der Jugendarbeit, den Summercamps beziehungsweise den Korankursen und der Familienarbeit. Dabei werde ich, wie schon im vergangenen Kapitel, versuchen, die Situation in den Einwanderervierteln zunächst aus der Sicht der Gemeinde darzustellen. Ich werde also zunächst die aus deutscher Perspektive immer wieder vorgebrachte Frage – Wie weit integrieren sie sich? – beiseite stellen und fragen, welche Probleme für die Muslime selbst zentral sind und welche Antworten sie darauf formulieren. Es wird sich zeigen, dass die praktische Auseinandersetzung weit mehr um die Bewältigung der Probleme der Einwanderung kreist als um die deutsche Gesellschaft. Oder anders: Die Frage der kulturellen Integration in die deutsche Gesellschaft (und die damit zusammenhängenden Aspekte von Abgrenzung und Selbstbehauptung) ist nicht das Kernproblem, das die islamischen Gemeinden in ihrer Stadtteilarbeit angehen, sondern die Bewältigung des Alltags. Dies bedeutet natürlich nicht, dass sie völlig bedeutungslos sind: Die Haltung der deutschen Gesellschaft kann es einfacher oder schwieriger machen, die Alltagsprobleme zu lösen – und dementsprechend kann diese Haltung Distanz erzeugen oder abbauen. Hier – wie schon im letzten Kapitel – erlaubt die Rekonstruktion der Sichtweise der Einwanderer eine komplexere – und damit realistischere – Auffassung der Sachlage.

Der Kontext

Die Migranten, die ab den sechziger Jahren nach Deutschland kamen, fanden Wohnungen primär in den damaligen Sanierungsgebieten. Es waren Viertel, die – wie Teile von Neukölln oder Kreuzberg – soziale Brennpunkte waren, Viertel, die durch hohe Arbeitslosigkeit, Kriminalitätsbelastung, Drogenprobleme, schlechte schulische Versorgung und später auch durch den Wegzug der deutschen Wohnbevölkerung charakterisiert waren. In diesen Vierteln waren die Moscheen Selbsthilfeorganisationen, Anlaufstellen für neue Migranten und soziale Treffpunkte. Hier konnte man Hilfe in Notfällen erhalten; hier besorgte man sich die Lebensmittel, die an die Heimat erinnerten und die den religiösen Vorschriften entsprachen; hier traf man Gleichgesinnte und tauschte mit ihnen Informationen aus, hier half man sich bei der Wohnungs- und Arbeitssuche. Moscheen waren Institutionen, die dabei halfen, sich in einer problematischen Umwelt zu behaupten und in einem schwierigen Kontext die eigenen Normen, Werte und Orientierungen an die Kinder weiterzugeben. Man muss diesen Kontext im Bewusstsein haben, wenn man verstehen will, wieso für diese Generation die Moscheegemeinden Inseln im Meer von Ungläubigen waren. Das Leben vieler Muslime in dieser Zeit war bestimmt von dem Dreieck Wohnung, Arbeitsplatz, Moschee.

In den Gemeinden wurde nicht nur der unmittelbaren deutschen Umgebung, sondern auch den mit der Migration verbundenen Problemen von Desorientierung und Haltlosigkeit etwas entgegengesetzt. Es ist bezeichnend, dass sie zu einer bestimmten Phase der Arbeitsmigration überall in Deutschland aus dem Boden sprangen – nämlich zeitgleich mit dem Übergang von einer Arbeitsmigration von Alleinstehenden zur Phase der Familienzusammenführung. Die damit verbundene Verstetigung der Migration bedeutete auch den Wunsch nach eigenen religiösen Institutionen; die Präsenz von Kindern ließ das Bedürfnis nach sozialisatorischen Einrichtungen aufkommen; nicht zuletzt aber ging es darum, die Männer, die ein weitgehend unabhängiges Leben geführt hatten, wieder in die Familien einzubinden. Dem »Burası Almanya« – »hier ist Deutschland«, mit dem die jungen Migranten Affären mit Frauen, Alkoholgenuss und Glücksspiele vor sich gerechtfertigt hatten, wurde in den Moscheen ein nachdrückliches Bekenntnis zum Islam, zur Familie und zur Türkei entgegengesetzt. Gerade das machte die Moscheen gerade auch für die Frauen interessant. Hier wurden Werte re-konstituiert, auf die sich familiales Zusammenleben gründen ließ und Formen der sozialen Kontrolle entwickelt, die die Männer einbanden.

Für die erste Generation verband sich das alles mit einer festen Rückkehrorientierung. Dies änderte sich mit dem Aufwachsen einer zweiten Generation in der Gemeinde, die starke Bindungen zum Einwanderungsland entwickelt hatte und die ihre Zukunft in Deutschland sah. Für diese Generation geht es nicht mehr um eine Abkehr von Deutschland, sondern um den Versuch, einen Ort für sich in Deutschland zu definieren. Gleichzeitig haben sich die mit der Arbeitsmigration verbundenen Probleme verschoben oder zumindest einen anderen Charakter angenommen. Im Vordergrund stehen heute die Probleme der Jugendlichen mit muslimischem Hintergrund in Deutschland und die Belastungen, die eine transnationale Lebenswelt für Familien darstellt.

Die Jugendarbeit

Bei den Biographien, die ich in den Gemeinden der IGMG gesammelt habe, bin ich sehr häufig auf das Motiv des Gerettet-Werdens gestoßen. Folgende Passage ist durchaus bezeichnend:

»Ich hatte keinen Vater. Meine Mutter war sehr beschäftigt, also sie hat viel Unterricht erteilt [...] War also nicht immer für uns da. Ich hatte ziemlich viel Freiraum. Und das führte auch dazu, dass ich keiner Kontrolle unterzogen war. Ich bin sehr früh mit türkischen Jugendlichen [in Kontakt] gekommen, die ziemliche kriminelle Energie hatten. Wenn man 14 ist, hat man noch ganz andere Vorstellungen von der Welt. Man ist auf Abenteuer aus usw. Also ich habe dann erstmal Kontakt mit der Polizei gehabt. Anfangs war das noch harmlos, aber es wurde immer ernster. Ich kam in Kontakt mit Drogen. In der Schule wurde ich immer schlechter. Ich kam von der Real- auf die Hauptschule. Und die Schule hatte für mich den ganzen Ernst verloren. Schule war für mich einfach nur Spaß. Und es gab ein Schlüsselereignis. Ich bin mit Freunden in der Wohnung eines Freundes. Die Stimmung war ziemlich heiter. So und da war eine Mineralwasserflasche auf dem Tisch und irgendwoher kam plötzlich ein Hammer. Und ich bin damals 17 und sage: ›Wetten, dass ich diese Flasche kaputt mache‹. ›Ne, schaffst du nicht, schaffst du nicht‹ und haben mich so provoziert. Da habe ich den Hammer genommen und da gab es kein zurück mehr. Und dann habe ich mit dem Hammer die Flasche kaputt geschlagen. Ich dachte allerdings, dass das alles einfach so ein bisschen nass wird, und es ein paar Scherben gibt. Die explodierte aber regelrecht, so dass die Scherben richtig durch den Raum flogen und eine Scherbe ist richtig hier in meiner rechten Hand ins Fleisch rein und hat die Sehne durchbohrt. Und überall strömte Blut. Und als ich dann ins Bad gerannt bin, um mir das auszuwaschen bin ich noch in eine Scherbe reingetreten.« (Interview mit Abdulkerim S. 2003).

Er musste mehrere Wochen zu Hause bleiben. »Wie es das Schicksal will ist der Fernseher noch kaputt gegangen zu dieser Zeit.«

»Auf Grund meiner religiösen Erziehung in der Moschee hatte ich aber die ganze Zeit schon den Hintergedanken, hör mal, was du hier machst ist eigentlich Scheiße ... Im Hinterkopf hatte ich immer diesen Gedanken, wenn es etwas gibt was mich hier rausholen kann ist es die Religion. Und ich wusste, dass die Fatihmoschee auch Jugendarbeit betrieb. Die einzige, übrigens, in Bremen damals. Als die Genesung eintraf humpelte ich zwar aber ich konnte mich bewegen. Ich bin dann in die Moschee gegangen und habe dort gebetet. Ich kam in Kontakt mit den Jugendlichen in der Jugendarbeit und fand es sehr gut was dort gemacht wurde, für die Jugendlichen. All die Jugendlichen, die dort waren und es waren nur Jugendliche, die haben ihre Arbeit ehrenamtlich gemacht. Sie haben andere Jugendliche, die auf der Straße sind, gezielt angesprochen.« (Ebd.)

Das Schlüsselwort in dieser Passage ist »die Straße«. Der Terminus »die Straße« bezeichnet das Milieu und die Kultur der Eckenstehergruppen in den Einwanderervierteln. Ayhan Kaya beschreibt das Milieu in Berlin-Kreuzberg in folgenden Worten:

»Wenn die Jugendzentren geschlossen sind, also vor 15:00 oder Sonntags und Montags, wird die Straße zum bevorzugten Treffpunkt, wo die Jugendlichen sich versammeln und ›herumhängen‹ [...] Diese Jugendlichen besetzen den Raum, indem sie in ihren Sportwägen Musik in voller Lautstärke hören, indem sie sich mit ihren ›Freunden‹ an bestimmten Straßenecken treffen, indem sie laut sprechen und Fremde anstarren [...] Früher waren die Straßen von den mythischen ›Gangsta‹ Gruppen besetzt, wie den 36ern. Taner, einer der Gründer der 36er, sagte, dass die Gruppe als Familienersatz diente: ›Meine Gruppe war meine Familie. Wir waren alle mit den Kleinen zusammen, wie eine Familie. Wir ließen die Kleinen nicht rauchen und wir beschützten sie.‹ Die Jugendlichen, die durch die Straßen ziehen, sind sich sehr klar darüber, dass sie auf Grund von Schlägereien, Waffenbesitz oder Drogenkonsum Gefängnisstrafen riskieren. Aber da sie solange mit diesem Risiko in ihrer ethnischen Enklave gelebt haben, scheinen sie es fast internalisiert zu haben. Ein Gefängnisaufenthalt wirkt fast wie ein Distinktionsmerkmal für die Jugendlichen. Dieses Merkmal macht sie ›cool‹.« (Kaya 2001: 130)

Der oben zitierte Abdulkerim S. beschrieb seine Erfahrung auf der »Straße« in Bremen folgendermaßen:

»Diese Jugendlichen, die sich nirgends, weder in der Familie noch in der Mehrheitsgesellschaft irgendwo aufgehoben fühlen, haben sich in Cliquen zusammen gefunden. Alle hatten dieselben Probleme und dort unter Gleichgesinnten [...] hat man sich plötzlich aufgehoben gefühlt. Nur da wurde die Sprache verstanden und wurden die Gefühle verstanden. Und es war vielleicht nicht Zufall, dass diese Jugendlichen sich damals mit der schwarzen Hiphop Bewegung in den USA identifiziert haben [...] Also Tanz, Breakdance, Musik war Hiphop, Rap und man hat sich mit den Jugendcliquen in New York identifiziert. [...] Es führt auch dazu, genauso wie in den USA auch, dass man versuchte, die Anerkennung, die man in der Gesellschaft nicht bekommen hat, die man aber auch im Elternhaus nicht bekommen hat, in einer anderen Form wieder zu gewinnen. Und diese andere Form war auf sich aufmerksam machen, durch Gewalt oder Kriminalität [...] Es war einfach eine heldenhafte Tat, dass jemand etwas klauen kann. Und er wird nicht dabei erwischt. Also einfach, es geht nicht darum, dass man etwas besitzt, sondern es geht darum, dass er etwas getan hat, etwas Außergewöhnliches, etwas, das Mut bedarf und einen dann auch zum Erfolg gebracht hat.« (Interview mit Abdulkerim S. 2003)[3]

Die Jugendarbeit der IGMG versteht sich als direkte Antwort auf dieses Milieu. Um die Jugendlichen aus dieser Umwelt herauszulösen und sie in die Gemeinde einzubinden, wurde ein elaborierter Organisationsrahmen geschaffen. Es gibt eine Fülle von Posten und Funktionen in der Organisation. Jeder Funktionsträger hat neben einer funktionalen Aufgabe (wie der Zuständigkeit für die Organisation von Reisen, Sommercamps oder auch Unterrichtsmaterialien) eine personale Aufgabe, d.h. er ist Ansprechpartner für andere Gemeindemitglieder, die sich mit Problemen an ihn wenden können. Diese Struktur wiederholt sich auf der Ebene der Region (wo an die Stelle der Betreuung von Personen die Betreuung von Gemeinden tritt) und des Gesamtverbands. Insgesamt kommen in der Jugendabteilung auf 17.500 eingeschriebene Mitglieder 4500 Funktionsträger. Seinen Weg in diese Organisationsstruktur beginnt man ganz unten – etwa bei der Zuständigkeit, Sportbälle einzusammeln. Wenn man sich bewährt, steigt man innerhalb der Organisation auf, wird Verantwortlicher für Organisationsfragen, Erziehungsfragen, Öffentlichkeitsarbeit, Sozialarbeit, Pressearbeit, Sekretariat, die Jugendarbeit, die Frauenarbeit, die Studentenarbeit. Gleichzeitig übernimmt man die Verantwortung für fünf einfache Gemeindemitglieder.

Der Fülle der Posten entspricht eine Fülle der Angebote, die von der Gemeinde gemacht werden: gegenseitige Besuche der Jugendlichen; gegenseitige Besuche von Gemeinden; Nachhilfestunden; Vorträge über Islam oder islamische Kultur in Europa, Gedenktage für bedeutende muslimische Persönlichkeiten, Schulungsseminare und Wochenendkurse für Funktionsträger, Reise, Sommercamps. Über jede Aktivität muss Buch geführt und der nächsthöheren Ebene berichtet werden. Damit werden Wettbewerbsstrukturen geschaffen – Gemeinde versucht Gemeinde, Region versucht Region zu übertrumpfen. Dies lässt wenig Raum für anderes. Man glaubt dem ehemaligen Vorsitzenden des Jugendverbands der IGMG, wenn er sagt: »Wenn sie zu uns kommen haben sie nichts mehr mit Alkohol, Rauschgift, Glückspiel, Hurerei zu tun. Das ist nicht mehr.« (Süleyman Yildiz, Interview, Kerpen 20. September 2003)

»In den Versammlungen sagen wir immer: Teilt uns euere Probleme mit. Wenn sie privat sind, dann teilt sie uns persönlich mit; wenn sie allgemein sind, dann teilt sie uns öffentlich mit. Unsere Vorstände gehen dann in die Familien und sprechen mit Vater und Mutter. Die Jungen gewinnen wir, wenn wir ihnen helfen.« (Yildiz, ebd.)

Der feste Rahmen ist offenbar nicht nur ein Instrument, um die praktische Arbeit zu organisieren, sondern selbst Teil der Arbeit und stellt eine spezifische Antwort auf die Lebenssituation auf der »Straße« dar. All das erinnert an ähnliche Organisationskulturen vieler anderer Glaubensgemeinschaften, die in einem ähnlichen Milieu aktiv wurden, z.B. der Heilsarmee oder der Zeugen Jehovas. Über den Organisationsrahmen wird ein differenziertes Anreiz- und Anerkennungssystem geschaffen.

»Ich hatte auch sehr schnell dann eine Aufgabe. Also die erste Aufgabe, die ich in der Gemeinde hatte – das war glaub ich so nach drei, vier Monaten in der Jugendabteilung – stellvertretender Verantwortlicher für Öffentlichkeit. Dieses Verantwortlich-Sein so, das Vertrauen [...] dass man das Vertrauen bekam [...] Also: ›Wir vertrauen dir und geben dir sogar ne Aufgabe!‹ Das war schon viel. Wir haben da auch sehr früh das Gefühl bekommen, dass wir halt für die Gemeinde wichtig sind. Also der Vorsitzende kam, diskutierte mit uns, wenn es zum Beispiel so wichtige Entscheidungen gab. Das waren Momente, die uns gehalten und gebunden haben.« (Abdulgani K., Interview in Köln 22.3.2007)

Wer sich bewährt oder durch Eigeninitiative auszeichnet, wird sehr schnell befördert. Salim B., der sich als Pressebeauftragter in der Jugendarbeit in Heilbronn bewährt hatte, wurde sehr schnell zum Beauftragten für Organisationsfragen im Regionalverband Baden-Württemberg und wenig später dann Leiter der Jugendabteilung des Regionalverbands. Auch er betonte im Gespräch, wie entscheidend für ihn die darüber erfolgte Bestätigung und Wertschätzung war. Das Anerkennungsproblem, auf das Abdulkerim S. oben soziologisch sehr plausibel als zentralen Auslöser von Jugenddelinquenz und -gewalt hingewiesen hat, wird hier auf eine spezifische Weise gelöst.

Diese feste Struktur ist äußerst effektiv. Sie erlaubt die Bereitstellung eines sehr differenzierten Angebots, das unterschiedlichen religiösen Bedürfnissen zugutekommt. Nikola Tietze meint in ihrer sehr differenzierten Beschreibung der Moschee in Hamburg-Wilhelmsburg (2001), dass in der IGMG sowohl Jugendliche einen Platz finden, die (1.) den Islam als Halt in der alltäglichen Lebensführung sehen (»ethisierte Religiosität«), wie auch solche, die (2.) primär genuin religiöse Interessen verfolgen (»utopisierte Religiosität«), oder die (3.) eine ideologisch-politische Verortung suchen (»ideologisierte Religiosität«) oder auch die, denen (4.) der Islam als kulturelle Verortung in der Gesellschaft von Bedeutung ist (»kulturalisierte Religiosität«).

»Auch hier gibt es einerseits das Auseinanderdriften der Religion in verschiedene Dimensionen und andererseits Versuche, diese neu zu kombinieren. Die Verantwortlichen legitimieren durch Freizeitangebote (Spiele im Jugendclub, sportliche Aktivitäten) und eine Kontaktstelle für Jugendliche [...] eine ›kulturalisierte‹ Form der Religiosität, die als implizite Komponente der Lebenswelt junger Leute verstanden wird. Das Angebot für Informatikkurse, die Unterstützung junger Unternehmer bei ihrer Ausbildung und Hilfe bei den Hausaufgaben richten sich an Muslime, die ›es schaffen wollen‹ und die ausgehend vom Islam eine individuelle Ethik entwerfen. Die Veranstaltungen und Diskussionen mit dem Imam ermöglichen denjenigen, die nach einer ›utopisierten‹ Religiosität streben, spirituelle Weiterentwicklung. Und schließlich eröffnen die Strukturen der Organisation die Möglichkeit, eine ›ideologisierte‹ Konzeption des Religiösen zu entwickeln und in der deutschen Gesellschaft entsprechend zu agieren. All diese Dimensionen überschneiden und vermischen sich an ein und demselben Ort, so etwa im Jugendclub der *Milli Görüş* in Wilhelmsburg.« (Tietze 2001: 127/128)

Die Struktur funktioniert wie ein Transmissionsmechanismus. Über sie werden Entscheidungen des Zentrums, wie etwa die flächendeckende Einführung von Nachhilfestunden, vor Ort weitgehend umgesetzt, ohne dass nennenswerte finanzielle Anreize geschaffen werden müssen. Dies funktioniert freilich immer nur in dem Ausmaß, in dem die ehrenamtlichen Gemeindemitglieder vor Ort sich tatsächlich mit dem Anliegen der Organisation identifizieren und sich aktiv einbringen. Auch wenn das Organigramm theoretisch eine strikte Befehlshierarchie vorspiegelt, so funktioniert diese in der Praxis nur, weil es sich hier nicht um starre, sondern um lose Koppelungen handelt: Es handelt sich mit anderen Worten nicht um ein starres *top-down*-System, sondern um Strukturen, die Eigeninitiative nicht nur zulassen und ermutigen, sondern geradezu davon abhängen.

So habe ich mehrere Beispiele dafür, wie die Identifikation mit den Aufgabenfeldern und ihre Ausgestaltung nicht selten gerade bei engagierteren, jugendlichen Gemeindemitgliedern zu Konflikten mit dem Gemeindevorstand führten.

»Ich war drei Jahre Jugendleiter und davor im Jugendverband. Also mal zuständig für Bildung, mal zuständig für was anderes [...] und da ist man in einem ständigen Ringen mit dem Moscheevorstand über Kapazitäten, über Geld und alles Mögliche. Man lernt in dieser Verbandsarbeit sehr viel Durchhaltevermögen und Durchsetzungsvermögen.« (Abdulgani K., Interview am 22.3.2007)

Die feste Struktur erlaubt es offensichtlich, dass Differenzen gerade zwischen den Generationen nicht »persönlich« genommen, sondern als Teil des institutionellen Spiels wahrgenommen werden. Dies ist nicht zuletzt in einem wertkonservativen Kontext von Bedeutung, in dem die Achtung vor den Älteren hochgehalten wird (und offener Widerspruch schnell als Verletzung von Achtung wahrgenommen wird). Diese Auseinandersetzungen zentrierten sich nicht nur um praktische Dinge, sondern auch um inhaltliche Positionen. So kritisierte Abdulgani K. öfter den Türkeibezug:

»Ich habe mich dann immer wieder geäußert und gesagt, dass wir hier in Deutschland leben, dass wir uns im jeden Fall um das Deutsche, um das Europäische kümmern sollten und nicht um die Beziehungen zur Türkei.« (Ebd.)

Ein derartiges kritisches Engagement werde durchaus von der Führungsspitze des Verbands geschätzt. Abdulgani K. betonte, dass seine kritischen Äußerungen nicht zu Ausgrenzungen geführt haben, sondern im Gegenteil damit beantwortet wurden, dass er eingeladen wurde, sich im Zentrum in Köln zu engagieren.

»Ich habe mich im Verband immer auch durch meine scharfe Zunge hervorgetan oder durch Kritikfreudigkeit [...] Also wir haben die Verantwortung ja nicht bekommen, weil wir uns angepasst haben, sondern im Gegenteil.« (Ebd.)

Es scheint nicht zuletzt dieser Raum für Kritik zu sein, der die Gemeinde interessant für Gymnasiasten und Akademiker macht. Andererseits überrascht es wenig, wenn Aussteiger manchmal das Gefühl äußerten, von dieser Struktur aufgesogen worden zu sein – oder auch dass der Vorwurf laut wird, die Organisationsziele würden sich gegenüber den spirituellen Inhalten verselbstständigen. Die Kraft der Organisation scheint auch ihre spezifische Schwäche auszumachen.

Es gibt keine statistischen Untersuchungen darüber, wie viele »Gerettete« in der Gemeinde sind. Es gibt aber in qualitativen Untersuchungen zahlreiche Hinweise, die meine in den Interviews gewonnenen Eindrücke bestätigen. Nikola Tietze (2001) beschreibt in ihrer differenzierten Studie mehrere junge Männer, denen die Mitgliedschaft in der *Milli Görüş* den Halt und die Orientierung gab, die es ihnen ermöglichten, ihre Ausbildung und ihre Schule zu beenden (2001: 61, 143). Oft scheint eine religiöse Orientierung dazu beizutragen, dass Jugendliche Diskriminierungserfahrungen, etwa am Ausbildungsplatz, bewältigen und die damit zusammenhängenden Frustrationen durchstehen (Tietze 2001: 61; Mannitz 2006: 236-246).

Ein deutliches Anliegen der Jugendarbeit ist also die Integration der Jugendlichen in Schule und Arbeitsmarkt sowie der Versuch, den anomischen Tendenzen in den Einwanderervierteln – der »Straße« – etwas entgegenzusetzen. Dieser Versuch geht gleichzeitig mit dem Aufbau einer starken religiösen Identität einher. Es ist dieser Aspekt der Jugendarbeit, der insbesondere das Interesse des Verfassungsschutzes auf sich gezogen hat (etwa LfV Baden-Württemberg 2007: 76). Die Institutionen, die dabei eine zentrale Rolle spielen, sind die Korankurse und die Sommercamps der Bewegung.

Korankurse und Sommercamps

Eines der zentralen Angebote der IGMG sind die Sommercamps. In jedem Sommer werden von den Regionalverbänden der *Milli Görüş* für 30.000 Kinder und Jugendliche im Alter von zehn bis sechzehn drei- bis vierwöchige Kurse angeboten. Der Erfolg dieser Kurse liegt darin begründet, dass sie auf ein spezifisches Bedürfnis von muslimischen Eltern antworten. Wie andere Eltern stehen sie vor dem Problem, die Kinder in den Sommerferien zu betreuen. Die durch die deutschen Wohlfahrtsverbände, die Falken usw. organisierten Kinderverschickungen werden von konservativen muslimischen Eltern mit großer Skepsis gesehen. Wie auch in Bezug auf Klassenfahrten haben die Eltern kein Vertrauen, dass in Bezug auf Alkoholkonsum, Sexualverhalten, aber auch in Bezug auf Essen in ihrem Sinne gehandelt wird. Geschichten, in denen gegen explizite Wünsche von Eltern Kindern etwa Schweinefleisch angeboten wurde, zirkulieren in den Gemeinden. Entsprechend groß ist die Nachfrage nach sicheren islamischen Ferienkursen. Dabei geht das Interesse weit über die Mitglieder der *Milli Görüş* hinaus: Ein Drittel der Teilnehmer stammt aus Familien, die in anderen islamischen Gemeinden aktiv sind. Ein vierwöchiger Kurs kostet 450 Euro. Für die Kurse werden Landschulheime, Freizeitheime und Ähnliches angemietet. Letztendlich handelt es sich um Intensiv-Korankurse. Unterrichtet wird der klassische Kanon, nämlich *Ibadet* (Rituallehre: Es handelt sich dabei um die Art und Weise, wie etwa das Gebet zu verrichten ist, aber auch um den Sinn des Gebets), *Akaid* (Glaubenslehre, in der die zentralen Inhalte des Glaubens vermittelt werden), *Siyer* (islamische Ethik), Koranrezitation, das Leben Muhammeds. Zusätzliche Angebote hängen von den Lehrern ab. So bot in einem der von mir besuchten Ferienkurse ein fünfundzwanzigjähriger Theologiestudent, der am Konservatorium in Konya Sufi Musik studiert hatte, *Ilahiler*, gesungene Gebete in der Tradition der islamischen Mystik an.

Die meisten Kurse finden auf Türkisch statt; nur vereinzelt wird auf Deutsch unterrichtet. So erlebte ich bei meinem Besuch einer der Sommercamps in Schwaben eine Stunde im Fach Glaubenslehre. Dabei wurde mir deutlich, wie schwer religiöse Inhalte in einer neuen Sprache zu vermitteln sind – beziehungsweise wie hoch das Niveau der Sprachkompetenz sein muss, um die Bedeutungstiefe religiöser Begriffe einzufangen. Obwohl der Lehrer, Hasan K., ausgezeichnet Deutsch sprach, hatte ich den Eindruck, dass das Unterfangen ihn überforderte. Es erfordert nämlich einen hohen Grad an Sprachsensibilität, die ihm, einem Dreher, der sich religiös fortgebildet hatte, nicht zur Verfügung stand. Er operierte mit Begriffen wie »Gottesattribute«, die er offenbar im Lexikon nachgeschlagen hatte, die aber blutlos blieben. Sie sagten den Jungen nichts.

Der Unterricht von fünf Stunden am Tag wird durch ein Freizeitangebot ergänzt. Im Anschluss wird gemeinsam mit den Lehrern Volley- oder Fußball gespielt. Am Abend werden islamische Filme gezeigt.[4] An den Wochenenden finden Ausflüge zu Freizeitparks, Schifffahrten und Ähnliches statt. An den Wochenenden kommen auch oft die Eltern zu Besuch – es wird dann gemeinsam gegrillt oder Ball gespielt.

Die Lehrer für die Kurse kommen meistens aus der Türkei. Sobald die Anmeldungen vorliegen, wird der Bedarf an die Zentrale in Köln gemeldet, die dann die Lehrer anwirbt. Die Lehrer, die ich persönlich kennen gelernt habe, wiesen ein sehr heterogenes Profil aus. Sie waren zwischen fünfundzwanzig und vierzig Jahre alt. Der bereits erwähnte Hasan K. aus Schwäbisch-Gmünd war Dreher und hatte sein Wissen über den Islam im Privatunterricht bei einem vom Amt für Glaubensangelegenheiten nach Deutschland geschickten Theologen erworben. Der ebenfalls schon erwähnte Theologiestudent aus Konya verfolgte den Plan, nach Deutschland zu kommen, um hier islamische Kunst zu studieren. Ihm lag neben der Vermittlung der Religion daran, den Jungen eine Idee von der großen kulturgeschichtlichen Tradition des Islams zu vermitteln. Ein dritter war Theologieprofessor, der für die Beratung eines AKP[5]-Abgeordneten von der Universität freigestellt worden war; ein vierter war Gymnasiallehrer. Die beiden letzteren zeigen, dass parteipolitische Gesichtspunkte bei der Auswahl der Lehrer offenbar nur eine geringe Rolle spielten: War der eine überzeugter Anhänger Erdoğans, so war der andere ein ebenso überzeugter Anhänger Erbakans. Dagegen war es kein Zufall, dass ich auf keine Hodschas oder Imame im engeren Sinn traf: Wie mir der Verantwortliche aus Stuttgart mitteilte, hätte man schlechte Erfahrungen gemacht, was die pädagogische Eignung dieser Personen betraf und würde seit einiger Zeit primär auf Lehrkräfte an Schulen oder Gymnasien beziehungsweise auf Studenten zurückgreifen.

Die Atmosphäre, die mir bei den Kursen entgegenkam, war sehr unterschiedlich. Am einen Ende des Spektrums war der Kurs auf den Erlacher Höhen. Hier herrschte die Atmosphäre eines Schullandheims. Die dreizehn- und vierzehnjährigen Jugendlichen folgten dem Religionsunterricht mit schläfriger Unaufmerksamkeit und zeigten dabei die üblichen Zeichen schulischer Langweile: Spielen mit dem Bleistift; Kreisenlassen eines Geo-Dreiecks. Ganz anders war die Stimmung am Nachmittag, für den eine Wanderung angesetzt war. Dies lag nicht zuletzt an dem Verantwortlichen, Ramazan, einem etwa zwanzigjährigen Funktionär aus der Jugendabteilung. Die Jugendlichen begeisterten sich für ihn. Er hatte die Rolle eines älteren

Bruders, der frischen Wind in die Sommerschule brachte. In vielem erschien er mir wie ein typischer Funktionär der Jugendabteilung.

Ein Funktionär der Jugendabteilung

Ramazan ist ein junger Mann, den man auch bei den Pfadfindern oder in der evangelischen Jugendarbeit als Gruppenleiter antreffen könnte. Offen, sympathisch, engagiert, charismatisch und – für mein Empfinden – etwas zu schnell (und zu festgelegt) in seinen Ansichten. Er war Schulsprecher am Gymnasium gewesen; jetzt wartet er auf die Zulassung zur Medienakademie. In der Wartezeit bis zum Studienbeginn arbeitet er in der Jugendabteilung des Bezirks. Zur Zeit meines Besuchs bereitete er die Abschlussveranstaltung vor:

»Jedem Teilnehmer wird dabei ein Zeugnis gegeben und ein Geschenk. Als Geschenk brennen wir eine CD mit Bildern von den Gruppen und jedem Einzelnen. Außerdem bereite ich zur Zeit ein Porträt von jedem Einzelnen vor. Er enthält ein Foto, Namen, Geburtstag und Anschrift. So dass wir nochmal auf ihn zukommen können. Außerdem wollen die Jungen, dass wir Nachtreffen machen. Wir machen das von allen. Ich setze mich dazu mit jedem einzelnen zusammen und rede mit ihm. Er erzählt mir dann von seiner Familie. Aber das nehme ich natürlich nicht auf.«

Mit Sätzen wie dem folgenden trifft er offenbar die Stimmungslage der jugendlichen Teilnehmer:

»Ich habe den Jugendlichen gesagt es gibt drei Regeln: Regel 1: Wir reden uns alle mit *ağabey* (›älterer Bruder‹ – eine Anrede, mit der Achtung ausgedrückt wird) an. Auch die Älteren die Jüngeren. Und zwar weil auch die Jüngeren irgendwann Vorbilder werden müssen. Regel 2: Keine Schimpfwörter. Regel 3: Wenn Ramazan spricht, sind die anderen ruhig.«

Er ist eine Brücke zwischen der Sommerschule und der deutschen Umwelt. Die Jungen hören ihm begeistert zu. »Er erzählt viel besser als die Hodschas. Z.B. sagt er, dass wir in der Schule beten sollen.« Tatsächlich vertritt Ramazan die Überzeugung, dass der Islam offen und offensiv in die Umwelt getragen werden sollte. »Wenn ich zu ihnen sage: ›Gott befiehlt, dass ihr auch in der Schule beten müsst‹, dann sage ich ihnen gleichzeitig damit: ›Ihr könnt auch an Orten beten, wo ihr bis jetzt überhaupt nicht ans Beten gedacht habt. Gott will das. Was ihr freilich mit dem Befehl anfangt, ist die Entscheidung von jedem Einzelnen.‹« Er spricht mit ihnen über die Arbeitslosigkeit der Eltern, Rauschgift, Rauchen, Kriminalität.

Ich bekomme eine Kostprobe von seiner Ansprache auf der Wanderung, die wir am späten Nachmittag unternehmen. Ungefähr in der Mitte fordert er alle auf, auf einem Baumstamm Platz zu nehmen.

»Ich möchte mit euch über Gerechtigkeit sprechen. Was ist Gerechtigkeit? Gerechtigkeit gibt es überall. Auch in der Natur gibt es Gerechtigkeit. Schaut euch diesen Baum an. Gerechtigkeit ist, dass jedes Blatt von der Nahrung und dem Wasser erhält, die mit der Wurzel aufgenommen werden. Es ist gerecht, dass jeder seinen Teil erhält. Schaut euch das Wunder dieses Baums an. Ist es möglich, dass es durch Zufall entstanden ist? Es gibt zwei Prinzipien: Die Evolutionstheorie sagt: Es ist durch Zufall, dass diese Ordnung und Harmonie zustande gekommen ist. Der Islam sagt: Es ist durch einen intendierten Akt, durch die Schöpfung. Wer hat Recht? Hat einer von euch einen Kugelschreiber?« Ein Kugelschreiber wird ihm gereicht, er schraubt ihn auseinander und steckt die verschiedenen Teile in ein Tuch. »Wenn ich dieses Tuch schüttele, wird sich dann der Kugelschreiber irgendwann zusammensetzen? Auch wenn ich das Tuch tausend und zehntausend Jahre schüttle ist es nicht anzunehmen, dass sich die Teile irgendwann zu einem Kugelschreiber organisieren. Es kann also nicht durch Zufall sein, dass so etwas Strukturiertes und Gegliedertes entsteht.«

Beim Weitergehen erklärt er mir, dass er das Beispiel von einem islamischen Professor gehört habe, der die Gemeinde besucht hat.

»Ich erzähle es ihnen, damit sie im Biologieunterricht den Mund aufmachen können. Man hat uns auch von der Evolutionstheorie erzählt und wir haben geschwiegen. Sie sollen die Möglichkeit haben, etwas darauf zu sagen – ob sie das dann tatsächlich machen, liegt wieder an ihnen.«

Aber er fragt mich auch, was ich dazu meine. Als ich ihm sage, dass es neben den Prinzipien Zufall und Schöpfung auch das Prinzip Selbstorganisation gibt, wird er nachdenklich.

Ganz anders als bei diesem Kurs war die Stimmung bei dem Sommerkurs für Zwölfjährige in Lichtenstein – was möglicherweise an den Lehrkräften, möglicherweise auch am jüngeren Alter der Teilnehmer lag. Die Atmosphäre war deutlich ruhiger und konzentrierter. Der Lehrer konnte die Jungen offenbar auch für den Stoff begeistern – und nicht nur für die Freizeitaktivitäten. Sie waren konzentriert und arbeiteten erstaunlich eifrig mit. Keine Spur von Langeweile wie in Erlach. Die Lehrer zeigten ein deutliches Interesse an den Schülern. Sie hätten den Eindruck – sagte einer während einer Pause zu mir –, dass einige der Schüler erstaunliche Leistungen vollbrächten, obwohl sie lediglich die Hauptschule besuchten. Er verwies auf einen Schüler, der zu erstaunlichen Gedächtnisleistungen im Stande war. Vielleicht handele es sich hier um eine einseitige Sonderbegabung, vielleicht auch nicht. Es wäre – so der Lehrer – doch einfach gut, wenn es einen Kontakt mit der Regelschule gäbe, wo man derartige Beobachtungen austauschen könnte.

In beiden Kursen konnte ich allein längere Zeit mit den Schülern sprechen. Sowohl die Älteren als auch die Jüngeren betonten, freiwillig an den Sommercamps teilzunehmen. »Wenn es wieder nur Auswendiglernen gewesen wäre, wäre ich nicht gekommen. Ich finde gut, dass erklärt wird«, kommentierte ein Fünfzehnjähriger den Kurs auf den Erlacher Höhen. Die Jüngeren betonten das angenehmere Klima im Gegensatz zur Regelschule.

Interview mit den Teilnehmern der Sommerschule

Auf die Frage, wer Lust zu einem Gespräch habe, sind vier Jungen gekommen. Wir sitzen im Gruppenraum des Landschulheims. Ali (13) geht in die Hauptschule, siebte Klasse; Ceyhan und Harun (14) in die Hauptschule achte Klasse. Bülent (13) geht in die achte Klasse Gymnasium. Das Gespräch wurde auf Deutsch geführt.

Sie betonen, dass sie gerne hier sind. Es sei zwar Unterricht, aber er mache viel mehr Spaß als in der regulären Schule. Bülent betont, dass es freier zuginge als an der Schule: »Es ist nicht so streng und es gibt keine Strafarbeiten.« Vor allem aber wird der vertraute Umgang mit den Lehrern hervorgehoben. »Hier haben die Lehrer mehr Kontakt. In der Schule ist das nicht so. Die tun sich mehr für uns interessieren als in der Schule«, sagt Ceyhan und Ali ergänzt: »Sie spielen hier Fußball mit uns. Unser Sportlehrer [an der Schule] tut das nicht. Die Hodschas machen alles mit. Gucken Filme mit uns an. Reden mit uns. Bringen uns was über den Islam bei.« Gerade das gemeinsame Fußballspielen mit den Hodschas sei das Schönste. Alle haben auch schon an anderen Sommerschulen teilgenommen: Sie seien alle ähnlich. Ali meint, das Gute hier in Lichtenstein wäre allerdings, dass sie nur fünf Stunden Unterricht hätten und nicht sieben oder acht, wie er es auch mal erlebt hätte. Schön wäre es auch hier, jüngere Lehrer zu haben. »Die alten tun nicht so viel.« Sie hätten im Prinzip nichts dagegen, wiederzukommen – würden es aber davon abhängig machen, ob Freunde mitkommen: »Wenn keiner von meinen Freunden kommt, dann bin ich hier allein. Dann macht es nicht so viel Spaß.«

Sie hätten sich alle aus freien Stücken zur Teilnahme entschieden. Ein Motiv ist einfach, dass man in den Sommerferien einsam ist. Alle anderen sind verreist: »Bei uns ist keiner da. Meine Eltern haben gefragt, ob ich hierher kommen will. Da habe ich Ja gesagt. Alle Mitschüler und Freunde waren im Urlaub.« Manchmal läuft die Teilnahme über Freundschaftsbeziehungen: »Ich bin wegen meinem Freund gekommen, dem Cihan. Der wohnt ja neben mir. Dort war gar keine Möglichkeit. Hier ist es viel besser.«

Zu meiner Überraschung gaben sie als ihr Lieblingsfach Koranrezitation an: »Das Arabischlesen macht Spaß«. »Wir lesen eine Seite und der Hodscha erklärt uns dann, was drinsteht.«

Alle vier erzählen, dass für sie Deutsch die Sprache ist, die sie in der Regel benützen und in der sie sich mit den Geschwistern unterhalten. Mit den Eltern reden einige Türkisch, andere Deutsch: »Ich bin darauf gewöhnt, Deutsch zu sprechen, zu Hause kriege ich Antwort auf Türkisch«, sagt Harun und Ceyhan ergänzt: »Bei mir ist es genauso. Mein Vater sagt, sprich Türkisch, sonst verlernst du es irgendwann ganz.« Ähnlich ist es im Korankurs: »Hier sprechen wir untereinander Deutsch. In den Stunden reden wir oft Türkisch, weil der Hodscha kein Deutsch kann, aber draußen, dann reden wir halt nur Deutsch, weil wir Türkisch nicht so gewöhnt sind. Weil der Alltag redet man halt nur Deutsch. Da verstehen wir so viel.«

Während der Schulzeit besuchen sie an den Wochenenden die regulären Korankurse in der Moschee. Die enge Einbindung bedeutet jedoch nicht die Absage an andere Aktivitäten: Ceyhan und Harun spielen Fußball im Verein. Ali lernt Taekwon-Do und geht fünfmal in der Woche zum Kurs. Nur bei Bülent erlaubt der Zeitaufwand für das Gymnasium keine weitere Aktivität.

Zu Hause ist ihr soziales Umfeld bezeichnend für die Situation in den Einwandererviertel n.

»Bei uns in der Hauptschule waren ab der 5. Klasse nur 11 Deutsche. Sonst alles Ausländer. Das meiste halt Türken, 82 Stück Türken.« Sie betonen, dass ihre Freundesgruppe entsprechend multinational zusammengesetzt ist. »Ich habe einen Türken, einen Griechen, einen Russen, einen Jugoslawen als besten Freund, auch einen Deutschen.« Latent gibt es eine Solidarisierung gegenüber ausländerfeindlichen Deutschen. »Bei uns in der Klasse haben wir Deutsche, manche sind auch ausländerfeindlich. Wir haben auch einen Freund, der ist auch Russe. So ein Deutscher aus der Klasse hat zu dem Russen so Ausdrücke gesagt [...] gegen meinen Freund, der Russe ist.«

Der Reiz des Angebots für die Teilnehmer scheint mir darin zu liegen, dass es wenigstens in den von mir besuchten Sommerschulen gelungen war, eine unaufdringliche Selbstverständlichkeit von Struktur im Tagesablauf herzustellen. Sie geben den Kindern einen festen Orientierungsrahmen – und darüber eine Atmosphäre, die man in deutschen Einrichtungen selten vorfindet. Dieser Rahmen ist gekennzeichnet von einer Kultur, in der der Alltag durch die Respektierung von Grenzen strukturiert wird, durch Grenzen zwischen Älteren und Jüngeren und (implizit durch die Geschlechtertrennung) zwischen Jungen und Mädchen. Das Ideal ist nicht das Auflösen oder Überschreiten derartiger Alltagsgrenzen (wie in vielen deutschen Kontexten), sondern ein geschickter Umgang mit ihnen. Dabei schimmert im Schüler-Lehrer-Verhältnis immer wieder das Ideal eines Ethos auf, bei der die Achtung (*saygı*), die Älteren entgegengebracht werden soll, mit der Liebe (*sevgi*) und Verantwortung (*mesuliyet*) ausbalanciert wird, die Ältere Jüngeren entgegenbringen. Untereinander existieren dann eher die Strukturen des *ağabeylik*, des »Älterer-Bruder-Seins«, wozu dem Ideal nach die Vorstellung gehört, dass der Ältere den Jüngeren bei der Hand nimmt und hält. All das wirkt sehr warm und freundlich. Es scheint, dass manche Kinder in dieser Atmosphäre eher aufblühen als in der viel harscheren Atmosphäre der Hauptschulen.

Dies mag daran liegen, dass die Kinder sich in den Sommercamps offen »zu Hause« fühlten.

Diese Atmosphäre blitzte in den Anekdoten von Streichen auf, die am Abend, als ich mit Ramazan und einigen der Jungen am Tisch saß, erzählt wurden. Wie man heimlich ausgerissen ist, um bei Lidl im Dorf etwas einzukaufen; oder wie man anderen angekohlte Streichhölzer ins Essen geworfen hatte, so dass es ungenießbar wurde. Geschichten, wie man die Lehrer angeführt und ausgetrickst hatte. Ramazan trug die Geschichte eines Streiks bei, den sie seinerzeit gegen die Hodschas organisiert hatten, um zu verhindern, dass jemand nach Hause geschickt wird. Diese Geschichten von kleinen Regelverletzungen wurden aneinandergereiht, die Jungen schütteten sich vor Lachen aus.

Die Sommercamps werden geradezu als paradigmatisch für parallelgesellschaftliche Strukturen gesehen. So heißt es etwa in einer Publikation des Landesamtes für Verfassungsschutz von Baden Württemberg:

> »Zumal bei den Ferienkursen sind die Jugendlichen über Wochen vollkommen aus dem deutschen Umfeld herausgelöst; eine Vertrauensbildung und Sozialisierung erfolgt ausschließlich innerhalb des muslimisch-türkischen Umfelds. Begegnungen und Kontakte mit deutschen Jugendlichen waren und sind nicht vorgesehen, zielt das Angebot doch gerade darauf ab, die Jugendlichen von den ›verderblichen Einflüssen‹ der westlichen säkularen Gesellschaft fernzuhalten. Auf Grund des geschlossenen Gesellschafts- und Wertesystems wird ein Bedarf an geistigem Austausch, der über die eigene Gemeinschaft hinausgeht, gar nicht wahrgenommen.« (LfV Baden-Württemberg 2005: 58)

Auf dem Hintergrund des Ausgeführten würde man durchaus dem ersten Satz zustimmen. Die Kinder und Jugendlichen sind während der Zeit der Ferienbetreuung tatsächlich untereinander. Sehr viel komplexer stellt sich die Sachlage dar, was die Motivation betrifft. Man kann sicherlich einen Elternwillen, der die Kinder in der Tat vor sexuellen Versuchungen und Alkohol fernhalten möchte, und der diesbezüglich den deutschen Verschickungsmaßnahmen – wie ich aus eigener Erfahrung weiß, nicht ganz zu Unrecht – nicht vertraut, dahingehend stilisieren, dass es darum gehe, die Kinder von den ›verderblichen Einflüssen der westlichen Gesellschaft‹ fernzuhalten. Ganz befriedigend ist dies jedoch nicht. Zum einen scheint das zentrale Motiv der Eltern nicht der Schutz vor der deutschen Gesellschaft zu sein, sondern vielmehr der Schutz vor der »Straße«; die Eltern stehen vor der schwierigen Situation, eine Ferienbetreuung zu finden, der sie vertrauen können. Zum anderen ist es sehr deutlich, dass es nicht darum geht, die Kinder von der westlichen Gesellschaft fernzuhalten, sondern sie für die Auseinandersetzungen in eben dieser Gesellschaft zu stärken. Das Anliegen des oben zitierten Ramazan etwa war es, die Jugendlichen in ihrem Glauben zu festigen und sie zu ermutigen, dies auch in den Institutionen der Mehrheitsgesellschaft – also etwa den Schulen – zu vertreten. Es geht eher um *empowerment* als um Rückzug oder, um es mit Albert Hirschman (1970) zu sagen, um Stimme (*voice*) und nicht um Ausstieg (*exit*). Man muss diese Form des Engagements nicht mögen – aber man wird sie kaum als Verkapselung beschreiben können. Es handelt sich vielmehr um eine Form der Integration über Konflikt: Wer Forderungen, wie in der Schule zu beten, aufstellt, muss sich mit den Institutionen auseinandersetzen und kann sie nicht einfach ignorieren. Nicht zuletzt hat man den Eindruck, dass der zitierten Einschätzung des Landesamts für Verfassungsschutz eine idealisierte bürgerliche deutsche Gesellschaft als Folie dient, auf deren Hintergrund die Maßnahmen bewertet werden – nicht aber die Realität in den Einwanderervierteln: Auch die Lebenswelt der »Straße« zeichnet sich nicht durch eine hohe Integration in die Mehrheitsgesellschaft aus.

Der entscheidende Punkt scheint mir zu sein, dass sich die Frage, ob Einrichtungen wie die Sommercamps sich langfristig als integrationsfördernd oder als integrationshindernd erweisen werden, nicht mit einem einfachen Hinweis beantworten lässt, dass man in diesen Einrichtungen unter sich ist. Das Problem, auf das es kaum eine allgemeine Antwort gibt, ist die schwierige Balance von Segregation und Integration. Soll man die Kinder eine Zeitlang in speziellen Einrichtungen fördern und stärken – so dass sie sich dann selbstbewusster einbringen können – oder soll man sie von Anfang an in die Einrichtungen der Mehrheitsgesellschaft integrieren? Setzen diese speziellen Schutzzonen die Kinder in die Lage, zu kommunizieren oder sind sie Sackgassen, weil die Kinder lernen, ausschließlich in Schutzzonen zu kommunizieren? Spezieller auf diesen Fall bezogen, lautet die Frage: Verhindert eine bewusste konservative religiöse Erziehung (mit ihren entsprechenden Einrichtungen) die Integration oder ist sie – ganz im Gegenteil – ein möglicher Weg zur Integration? Bevor wir diese Frage im letzten Abschnitt dieses Kapitels aufgreifen, soll noch ein weiteres umstrittenes Feld der Gemeindearbeit der *Milli Görüş* diskutiert werden, nämlich das Feld der Familien- und Erziehungsberatung.

Familien- und Erziehungsberatung

Die Familien- und Erziehungsberatung ist ebenfalls zum natürlichen Bestandteil des Engagements der Gemeinden geworden. Die Hodschas hatten, vor allem in der ländlichen Türkei, eine Rolle als Schlichter von Konflikten innerhalb und zwischen den Familien, eine Rolle, zu der sie nicht nur auf Grund ihrer Kenntnis der religiösen Texte befugt waren, sondern auch auf Grund der Tatsache, dass sie oft von außen in das Dorf kamen, und damit über keine gewachsenen Loyalitäten zur einen oder anderen Konfliktpartei standen. Wichtig war nicht zuletzt die ihnen zugeschriebene Kompetenz, magische Akte (wie etwa Impotenzzauber) abzuwehren oder Schutzamulette (*muskas*) zu schreiben. Es ist wenig überraschend, dass sie diese Funktion auch in der Migrationssituation weiter praktizierten.

»Also die Leute vertrauen den Hodschas und die sind oft die ersten Ansprechpartner. Der Hodscha soll uns versöhnen; oder sie sagen, es hat uns jemand verzaubert, er soll ein Muska [Amulett] schreiben [...] Nun und bei Milli Görüş gibt es natürlich Hodschas und weil sie das wissen, fragen sie uns. Oder sie rufen uns persönlich an und erzählen uns aus dem Stand gleich alles. Oder sie wenden sich mit der Frage an die Organisation, ob es niemanden gibt, der ihnen helfen kann.« (Interview mit IGMG-Frauen, Kerpen 23.9.2002)

Dies funktionierte allerdings nur bei der ersten Generation. Bei der zweiten und dritten Generation wurde die mangelnde Vertrautheit der in der Türkei ausgebildeten Hodschas mit der Lebenssituation in Deutschland zu einem zunehmenden Problem.[6] Die Ratschläge in Erziehungs- und Ehefragen wirkten immer weltfremder. In dieser Situation wurden zunehmend die Frauen in den Gemeinden aktiv – und unter ihnen in den letzten Jahren immer häufiger in Erziehungsberufen ausgebildete Frauen der zweiten und dritten Einwanderergeneration. Sie begriffen die Rolle der Erziehung in der Migrationssituation als Herausforderung: Es gilt, die Kinder in ihrem Weg in die Gesellschaft zu begleiten, sie bei ihren Konflikten zu unterstützen und in der Lage zu sein, Antworten auf die Fragen der Kinder zu formulieren. Diese Frauen gaben der Familienarbeit ein neues Gesicht. Ein erster Aspekt war die Systematisierung der Arbeit:

> »Früher hat dies alles eher zufällig stattgefunden. Jetzt haben wir eine hotline eingerichtet. In der hotline werden am Wochenende Familienfragen, Glaubensfragen, Jugendfragen beantwortet. Was am meisten nachgefragt wird, sind die Familienfragen. Also da sucht jeder eine Lösung.« (Interview mit IGMG-Frauen, Kerpen 23.9.2002)

> »Was wir machen ist aktives Zuhören halt. Dass jemand überhaupt da ist. Seelsorge und Ratschläge geben. Im Endeffekt muss jeder dann für sich entscheiden. Wir können ihnen diese Probleme nicht abnehmen.« (Ebd.)

Den Frauen waren die Grenzen, die ihrer Arbeit gesetzt sind, sehr bewusst. Immer wieder fielen in dem Gespräch Sätze wie: »Aber was können wir schon machen. Wir sind ja nicht in der Lage, sofort etwas zu unternehmen« oder »Wir können nicht Hilfestellungen leisten wie Sozialarbeiter.« Allenfalls in den lokalen Gemeinden waren konkrete Hilfestellungen möglich:

> »Vor Ort wird dann schon praktische Hilfeleistung gezeigt [...] Man kennt sich ja in diesen Gebieten. Man hat da jemanden, den beide Partner wertschätzen, und wenn der dann was sagt, dann heißt das schon etwas.« (Ebd.)

Das Wissen um die eng gesetzten Grenzen von praktischen Interventionen führte zur Entwicklung von Ehevorbereitungskursen, in denen sich die praktische Erfahrung aus der Beratungsarbeit niederschlägt.

Einen besonderen Einblick in die konkreten Inhalte der Beratungs- und Familienarbeit gibt nun das von der Frauenvereinigung der IGMG Nordholland auf Türkisch herausgegebene Buch: »Fragen und Hinweise für Eltern und Kinder« (2001). Dabei handelt es sich um eine Handreichung, die sich sowohl an die Migrantenfamilien selbst als auch an andere Berater wendet. Das Buch ist in Form von Fragen und Antworten aufgebaut. Aus ihnen treten zum einen Probleme deutlich hervor, die an die Berater herangetragen werden, zum anderen – und das ist der wesentlichere Teil – wie sie diese Probleme wahrnehmen, bewerten und welche Ratschläge sie auf dieser Grundlage geben. Betrachten wir einige näher:

- »Frage: Ich bin eine jung verheiratete Frau. Weil die Engel mich angeblich verwünschen, wenn ich nach draußen gehe, darf ich noch nicht einmal mit dem Kind ausgehen. Manchmal mache ich das Fenster auf und atme keuchend durch. Wenn mein Mann von der Arbeit kommt und es gestattet, darf ich manchmal raus. Ich glaube nicht, dass die Frauen im Islam so eingeschränkt sind. Wenn ich das meinem Mann sage, sagte er: Du bist reif für die Hölle. Was sagt der Islam in Bezug auf dieses Thema?
- Antwort: Wir haben oben die Situation der Frauen zur Zeit unseres Propheten erörtert. Eine Muslima kann auf sittsame und zivilisierte Weise ausgehen. Sie kann zum Einkauf und in die Schule gehen.« (IGMG Nordholland 2001: 112)

In diesem Fall haben wir es mit den Konsequenzen der Heiratsmigration zu tun. Die Ehefrau wurde aus der Türkei in eine holländische Stadt gebracht und ihr Bewegungsraum von einem sehr misstrauischen Ehemann auf die Wohnung eingeschränkt. Offenbar hat sie kaum weibliche Verwandte, die sie alleine besuchen könnte. Ihre beklemmende Situation wird von den Herausgeberinnen durch den relativ breiten Raum herausgearbeitet, den sie der Schilderung der psychosomatischen Reaktion der Frau einräumen. Die Einschränkungen werden vom Ehemann mit religiösen Versatzstücken (»die Verwünschung der Engel«) begründet. Die Argumentation gegenüber dem Ehemann (»ich glaube nicht, dass die Frauen im Islam so eingeschränkt sind«) deutet an, dass der Islam einen selbstverständlichen Referenzrahmen für die innerehelichen Auseinandersetzungen bildet. Man kann Forderungen oder Wünsche in Bezug auf die Religion legitimieren oder auch ablehnen – man kann aber nicht einfach mit dem psychischen Wohlbefinden argumentieren. Dies dürfte auch der Grund dafür gewesen sein, warum die junge Frau sich an das Familienberatungszentrum der IGMG gewandt hat, um dort eine Antwort im Sinne des Islams zu erhalten. Nur von einer konservativen Moscheegemeinde ist eine Argumentation zu erhoffen, die auch vom Ehemann ernst genommen werden wird.

Die Antwort besteht nun in einem bezeichnenden Verweis auf die Praxis des Propheten – und damit auf die eigentliche Botschaft des Islams. Hier tritt eine Argumentationslinie hervor, auf die man vor allem bei jungen Frauen der zweiten Generation immer wieder stößt. Ihr zufolge ist die sehr frauenfreundliche Haltung des Propheten im Laufe der Zeit von frauenfeindlichen Traditionen überwuchert worden. In unserem Fall vertritt der Ehemann diesen problematischen Traditionsbestand, indem er etwa mit der koranisch überhaupt nicht gedeckten Verfluchung durch die Engel und durch die schnelle Drohung mit Höllenstrafen argumentiert. Die Rückkehr zur reinen Lehre – und die Kritik der Tradition – erlaubt die Überwindung dieser falschen Tradition. Diese Argumentation führt zu einer Verschiebung: Man kritisiert nicht den Islam, sondern eine schlechte Praxis, die sich fälschlich als islamisch ausgibt.

Neben der inhaltlichen Argumentation ist die Perspektive wichtig, die bei der Darstellung des Sachverhalts eingenommen wird. Die Frage erfasst die Sichtweise der jungen Frau – und nicht die des Mannes. Aus der Männerperspektive hätte die Frage wohl ungefähr folgendermaßen gelautet: »Meine Frau drängt, seit wir in Holland sind, darauf, alleine auszugehen. Ich verbiete es ihr, weil es islamisch nicht statthaft ist. Sie bestreitet das, und wir haben Auseinandersetzungen. Was meinen Sie?« Die Wahl einer derartigen Perspektive ist von entscheidender

Bedeutung, weil mit ihr dem Leser eine Identifikation nahe gelegt wird. Gleichzeitig werden die Gesichtspunkte bestimmt, die bei der Art und Weise der Behandlung der Frage eine Rolle spielen. Wäre das Problem aus der Männerperspektive eingeführt worden, hätte eine Beantwortung aus scholastisch-juristischer Perspektive nahe gelegen; dies wäre in der Tat die Behandlung gewesen, die von klassisch ausgebildeten Hodschas zu erwarten gewesen wäre. Mit der hier gewählten Perspektive ist dies ziemlich ausgeschlossen – es würde als dürre juridische Antwort auf ein existenzielles Problem verstanden werden. Es ist deshalb kein Zufall, dass mit dem Rekurs auf das schöne Beispiel Muhammad auf den Geist des Islams und nicht auf die Scharia Bezug genommen wird.

Der Rekurs auf das schöne Beispiel Muhammed tritt auch in folgender Frage hervor:

- »Frage: Bei den Türken wird jemand, der seiner Frau hilft, als Pantoffelheld angesehen. Man weiß nun, dass der Prophet seiner Frau geholfen hat. Was kann man in dieser Hinsicht zu den Männern sagen? Wie muss die Hilfe aussehen?
- Antwort: Unser Prophet hat, soweit es ihm seine Zeit erlaubte, seinen Frauen geholfen. In dieser Hinsicht passt es nicht zum Islam, zum Koran oder zur Sunna, wenn man auf jemanden herabschaut, der zu Hause seiner Frau hilft. Diese Gedanken müssen aus anderen Religionen und Kulturen eingedrungen sein.« (IGMG Nordholland 2001: 116)

Die Figur des *kılıbık*, des Pantoffelhelden, der seiner Frau hilft und sich deshalb verächtlich macht, steht für die Abwertung und Verächtlichmachung der als weibliche Domäne betrachteten Haus- und Erziehungsarbeit – und damit für eine Hierarchisierung der Differenz der Geschlechter. Wenn dies hier kritisiert wird, dann ist dies allerdings nicht als Plädoyer zur Aufhebung der Geschlechterdifferenz zu verstehen. Die Formel lautet eher: Bejahung der Differenz der Geschlechter (und der damit verbundenen Aufgabenteilung) bei Festhalten an der Würde beider Bereiche und ihres gleichen Wertes. So wird seitens der islamischen Gemeinden oft die Gleichwertigkeit von Mann und Frau betont, während das Wort Gleichberechtigung eher vermieden wird. So heißt es in der Selbstdarstellung der IGMG:

> »Der Islam sieht die Familie als Keimzelle einer intakten Gesellschaft, wobei die islamische Familie auf einer zwangfrei geschlossenen Ehe beruht. Lediglich in der Ehe sind, nach Koran und Praxis des Propheten, unterschiedliche, aber sich ergänzende Rollen für Frau und Mann vorgesehen, die ihre physischen und psychischen Besonderheiten berücksichtigen.« (IGMG-Selbstdarstellung o.J.)

Dies schließt schulische Ausbildung und berufliche Qualifikation von Frauen nicht aus. Das Leitbild ist das der jungen Frau, die eine Ausbildung macht und einen Beruf ergreift. Sie sollte allerdings die berufliche Laufbahn unterbrechen, wenn sie Mutter wird. Die Ausbildung wird in diesen Fällen immer wieder als Voraussetzung für die verantwortliche Wahrnehmung der Rolle der Mutterschaft genannt. Sie versetzt eine Mutter in die Lage, die Kinder in der Schule wirkungsvoll zu unterstützen und sie bei den, auf sie unweigerlich zukommenden, Auseinandersetzungen mit der Gesellschaft zu begleiten.

Die Komplementarität der Rollen wird nicht selten in eine legalistische Sprache gefasst. Es gibt einen sehr ausgefeilten islamischen Diskurs über die Rechte und Pflichten gegenüber einander. Die folgende Frage bezieht sich darauf:

- »Als Muslima sehe ich die Verpflichtungen, die ich meinem Mann gegenüber habe, im Zusammenhang mit den gegenseitigen Rechten und Pflichten von Gatten aneinander. Mein Mann beruft sich nun auf den Islam und sagt, meine Rechte bestünden ausschließlich darin, ernährt und bekleidet zu werden. Er beleidigt und beschimpft mich auf jede erdenkliche Weise. Wenn ich mich dagegen wehre, schlägt er mich. Was soll ich machen?

- Antwort: Unsere muslimische Schwester muss sich gedulden und muss beten, dass ihr Gatte zum rechten Weg zurückfindet. Man muss sehen, dass Scheidung nur der letzte Ausweg ist. Denn Scheidung bringt für Frauen viele Probleme mit sich.« (IGMG Nordholland 2001: 112)

Hinter diesem Diskurs der Rechte und Pflichten steht eine Grundkonzeption von Respekt und Würde. Sie leitet sich aus dem islamischen Menschenbild ab. Die Vermittlung dieses Diskurses einer Ethik der gegenseitigen Achtung ist ein Kernstück bewusster islamischer Erziehung. Deutlicher als eine abstrakte Ausführung dieses Aspekts der islamischen Familienethik lässt sie sich an einer Passage verdeutlichen, in der eine Muslima berichtet, wie sie ihren Kindern die Idee des »Rechtes des Anderen« vermittelt:

»Hakan war fünf Jahre alt; Handan sechs. Hakan liebt Kirschen. Also zu dem Zeitpunkt, als er über Recht und Gerechtigkeit lernen musste. Wir kauften zwei Kilo Kirschen, wuschen sie. Ein Teller für Hakan, ein Teller für Handan, einer für mich, zum Nachtisch. Auch das, worauf der Vater ein Anrecht hatte, legten wir beiseite. Wir legten es beiseite: ›Mein Sohn, bring das, worauf dein Vater ein Recht hat, zum Schrank, wenn dein Vater morgen kommt, wird er das essen, worauf er ein Anrecht hat. Man darf das, worauf der Vater ein Anrecht hat, nicht berühren.‹ Denn auch er hat ein Recht. Denn der Vater lebt ja mit uns zusammen. Darum handelt es sich ja bei Recht und Gerechtigkeit. Jeder muss das Recht des anderen respektieren – also legen wir ›sein Recht‹ beiseite. ›Wann wird Papa denn kommen, Mutter?‹ fragte Hakan – er liebte ja Kirschen über alles. Er soll sich auch daran gewöhnen, geduldig zu sein. Das Recht des Vaters, das Recht von niemandem, wird verletzt, das soll er lernen. [...] Also auf diese Weise [erfolgt die Erziehung], an Hand der Dinge, die sie am meisten lieben [...] So lernt er Achtung/Respekt (saygı). Ich habe schon in früher Kindheit damit angefangen. Wenn ich jetzt der älteren Schwester etwas kaufe, sagt sie: ›Mutter kauf auch etwas für den Bruder.‹ Oder wenn ich dem Bruder etwas kaufe: ›Mutter kauf auch etwas für die Schwester.‹ So sehr achten sie untereinander auf Gleichheit. Niemand soll irgendjemanden etwas wegessen [...] Es ist eine Sünde – sie lernen kennen, was eine Sünde ist, was schandhaft ist. Zu Hause, anhand von kleinen Dingen, lernt man das.« (Interview von Gençel mit Belgin D., 2003)

Dieses Denken in Rechten und Pflichten unterliegt auch der Frage, um die es hier geht. Es bildet den normativen Rahmen, innerhalb dessen der eheliche Konflikt ausgetragen wird. Auch hier ist wieder die Perspektive entscheidend: Aus den Augen der Frau – und damit ganz von selbst des Lesers – erscheint der Ehemann nun als jemand, der eindeutig im Unrecht ist. Er pervertiert diese letztlich dem Ideal der Gegenseitigkeit und Gleichheit verpflichtete Ethik. Er leitet aus der Tatsache, dass er seine Frau versorgt, offenbar einen Anspruch auf häusliche Tyrannei ab. Er beschimpft und schlägt die Frau, weil sie sich nicht umstandslos beugt.[7]

Angesichts der eingenommenen Perspektive wirkt die Antwort zunächst befremdlich: Dies liegt weniger an dem Verweis auf Geduld und Gottergebenheit selbst als daran, wie er eingeführt wird. Die Idee der Geduld (*sabır*) ist ein wesentliches Element islamischer Ethik und des Habitus. Sie ist keineswegs – was besonders Saba Mahmood (2001) herausgearbeitet hat – mit Passivität gleichzusetzen, sondern mit der Fähigkeit, auch in ausweglosen und verzweifelten Situationen nicht handlungsunfähig zu werden oder in Depression zu verfallen. Es ist also ein gewisses Konzept der Stärke, des Sich-nicht-unterkriegen-Lassens, und des Handlungsfähig-Bleibens, das damit verbunden ist.[8] Der Verweis auf Geduld an sich also überrascht nicht – wohl aber die Art und Weise, wie er erfolgt. Durchaus denkbar wäre ja auch folgende Antwort gewesen: »Für Muslime ist der Wert der Familie zentral. Daraus leitet sich ab, dass man den Fehlern und Eigenheiten des Gatten mit der koranischen Tugend der Geduld begegnen muss. Die Ehe ist für den gläubigen Muslim ein Feld, in dem er sich bewähren muss.« Die Einführung des Konzeptes der Geduld erfolgt bei dieser Antwort jedoch nicht in einem pastoralen Gestus (wie bei der imaginierten Antwort), sondern bemerkenswert verschoben: »An sich«, ließe sich die Antwort paraphrasieren, »wäre Scheidung ein sinnvoller Ausweg. Überlege es dir aber gut, ob du die damit verbundenen Probleme bewältigen kannst.« Das geduldige Ertragen einer Situation wird eindeutig nicht als Tugend an sich dargestellt, sondern als bessere Antwort auf eine verfahrene Situation. Gerade dies lässt die Antwort im Prinzip als unbefriedigend erscheinen. Und es wirft die Frage auf, warum sich die Herausgeberinnen trotzdem zur Veröffentlichung dieser Frage/Antwort entschieden haben.

Ein Argument könnte sein, dass die Antwort einfach realistisch ist: Wie wir oben gesehen haben, sind die Mittel, die den Frauen bei ihrer Beratungsarbeit zur Verfügung stehen, begrenzt. Dies wird besonders deutlich in Fällen wie diesen. Die Beraterinnen sind nicht in der Lage, die Probleme (materieller, gelegentlich auch ausländerrechtlicher Art) aufzufangen, die eine Scheidung – gerade in einer fremden Gesellschaft – nach sich zieht. Zehra Dizman, die die Hotline in Köln organisiert hat, schilderte mir gegenüber die sehr weitgehenden – und unerfüllbaren – Wünsche, mit denen sie bei ihrer Tätigkeit konfrontiert wird. Sie fühlte sich hilflos angesichts der Erwartungen der Frauen aufgefangen zu werden, beziehungsweise dem Anliegen – etwa bei einer Scheidung – eine Arbeit und eine Wohnung vermittelt zu bekommen.

Dennoch scheint mehr als bloßer Realismus hinter der Entscheidung zu stehen, diese Frage/Antwort zu veröffentlichen. Es scheint darum zu gehen, Missstände, wenn man sie schon nicht abschaffen kann, so doch wenigstens öffentlich zu machen. Einem als unislamisch betrachteten Verhalten soll wenigstens die normative Grundlage entzogen werden. Wenn es gelingt, etwa durch das Herstellen von Öffentlichkeit, den normativen Konsens im weiteren Umfeld der Familie zu verschieben, ist damit zumindest *ein* Schritt in Richtung auf Überwindung von familialer Gewalt getan. Einem Verhalten, das sich bislang islamisch legitimiert wähnte, wird dadurch die Grundlage entzogen. Dies zielt ebenso auf den Ehemann selbst wie auf seine Umgebung: Es verbindet sich mit der Hoffnung, dass auch die soziale Kontrolle seitens des Umfelds beginnt, familiale Gewalt zu sanktionieren.

In einer anderen Variante steht die Problematik der gegenseitigen Rechte auch in der folgenden Frage/Antwort an. Die Fragestellerin möchte wissen, ob man sich bei einer Zwangsverheiratung den Eltern widersetzen darf:

- »Ich bin in Holland geboren und aufgewachsen. Ich liebe meine Eltern sehr. Ich möchte sie in keinster Weise kränken. Ich bin 18 Jahre alt und studiere Jura. Sie haben mich mit dem Sohn meines Onkels aus unserem Dorf in der Türkei verlobt. Diesen Sommer soll die Hochzeit sein. Ist es von der Religion her gestattet, in dieser Hinsicht meinen Eltern nicht zu gehorchen?«
- »Man darf kein Unrecht begehen, indem man ein hier geborenes, aufgewachsenes, an der Universität ausgebildetes Mädchen mit einem Verwandten aus einem Dorf in der Türkei verheiratet, der ihre Kultur und ihre Sitten, ihren Charakter und ihre Gepflogenheiten nicht kennt und der weit weniger ausgebildet ist. Am Schluss werden sowohl die Personen dort wie hier das Ganze bereuen. Es ist [von der Religion her] nicht gestattet, dass Eltern in Heiratsfragen ihre Kinder zwingen [...]« (IGMG Nordholland 2001:107)

Es ist sehr bezeichnend, dass hier nicht direkt auf die Frage geantwortet wird, ob es legitim ist, den Eltern nicht zu gehorchen. Es wird vielmehr umgekehrt das Recht der Kinder auf ein Leben in einer durch gegenseitige Achtung und Respekt ausgezeichneten Beziehung thematisiert. Damit wird die üblicherweise herangezogene Argumentationsebene (muss man seine Eltern achten und ihnen gehorchen oder nicht) verschoben: Das Recht auf Widerstand gegen ein Unrecht wird damit zwar nicht explizit begründet, aber doch nahe gelegt. Gleichzeitig wird ein sehr pragmatisches Argument eingeführt: Es bringt einfach nichts, die Kinder zu zwingen. In einer noch deutlicheren Weise wird dies in der folgenden Passage ausgeführt.

- »Auch bei Liebesheiraten, insbesondere bei Akademikern, findet man in den letzten Jahren eine Scheidungsrate von 70 %. Dies hat aber nicht so viel zu sagen: Jemand, der eine Liebesheirat eingeht und sich dann trennt, wird niemanden beschuldigen.

> Kinder jedoch, die von den Eltern verheiratet werden, werden, wenn sie unglücklich sind, ein Leben lang ihre Eltern beschuldigen. Wir vertreten unsere Position also nicht nur um der Kinder willen, sondern auch, um die Eltern von dieser Verantwortung zu befreien.« (IGMG Nordholland 2001: 105)

Die Zahl von 70 % bei Liebesheiraten ist natürlich fiktiv. Sie drückt das übliche und weit verbreitete (Vor-)Urteil über Liebesheiraten aus, nämlich dass sie tendenziell instabil sind. Mit diesem Argument wird im Alltagsdiskurs an der Praxis der arrangierten Ehen festgehalten. Sie seien sinnvoll, weil mit ihnen stabile Familienverhältnisse gestiftet werden. Das Argument, das bei der Beratungsarbeit nun vorgebracht wird, greift dies auf: Letztlich würden arrangierte Ehen entgegen den verbreiteten Vorstellungen den weiteren Familienverband sprengen, weil ein Konflikt zwischen Eltern und Kindern vorprogrammiert sei. Aus dem wohlverstandenen Eigeninteresse an familialer Kontinuität sollten die Eltern daher darauf verzichten, in Bezug auf Eheschließung Druck auf die Kinder auszuüben. Bemerkenswerterweise ist das Argument nicht das Recht auf Selbstbestimmung oder auf individuelles Glück – sondern der Zusammenhalt der Familie. Diese Rolle, die die Familie im Selbstbild der Migranten spielt, kann kaum überschätzt werden: »Wir müssen an der Familie festhalten, sonst fliegt alles auseinander«, erklärte mir ein Mitglied der *Milli Görüş* in einem Gespräch.[9]

Auch wenn hier eine andere Beratungspolitik vertreten wird als beispielsweise von kommunalen Frauenhäusern, heißt das nicht, dass nicht in Grenzfällen den Rat suchenden Frauen empfohlen wird, sich an staatliche Beratungsstellen oder Frauenhäuser zu wenden.

> - »Es wäre gut, einen Experten zu konsultieren. Bei RIAGG (*Regionaal Instituut voor Ambulante Geestelijke Gezondheidszorg*, einer staatlichen psychosozialen Be-

ratungsstelle) können Personen mit Eheproblemen eine Therapie machen. Aber unsere Gemeindeangehörigen suchen solche Institutionen nicht auf, sie halten sich von ihnen fern. Erst wenn die Situation zu weit fortgeschritten ist, gehen sie, aber dann ist es zu spät [...]« (IGMG Nordholland 2001: 105)

Lässt man die Argumentation Revue passieren, so sieht man eine deutliche Verschiebung im Vergleich zu der klassischen Beratungsarbeit, wie sie von den Hodschas geleistet wurden. Auf einer ersten Ebene wird ein Diskurs, der an den Rechtsschulen orientiert ist – der, wenn man so will, »das Wort« zum Ausgangspunkt nimmt – durch einen Diskurs ersetzt, der den »Geist« zum Ausgangspunkt nimmt. Dies wird aus dem Bezug auf das Leben Muhammads deutlich, es wird aber auch in der Art und Weise sichtbar, wie auf die gegenseitigen Rechte und Pflichten rekurriert wird. Sie werden nicht durch den Rekurs auf Fetwas, also Rechtsgutachten bestimmt, sondern eher durch die offene Frage, wie die zu Grunde liegenden Prinzipien von Gegenseitigkeit, Achtung und Respekt in der neuen Situation herzustellen sind. Ähnlich im Fall der Zwangsheirat. Die Bedeutung der Familie wird zum Ausgangspunkt genommen, um dann zu überlegen, wie daraus Normen abgeleitet werden können. Es geht um eine islamisch orientierte Beratungsarbeit, die zwar neue Wege betritt, sich aber nicht von der Religion entfernt. Das Argument – gerade im Fall der Zwangsheirat – scheint zu sein, dass Bewahrung nur möglich ist, wenn auch Wandel stattfindet. An dieser Stelle ist ebenfalls wichtig, dass diese Position nur überzeugend von Personen vertreten werden kann, denen man dies »abnimmt« – bei denen man also nicht eine geschickte rhetorische Strategie vermutet, mit der jemand von irgendeinem Entschluss abgebracht werden soll. Wertkonservative Muslime, wie es die *Milli-Görüş*-Frauen sind, haben hier die besten Chancen gehört zu werden – während Personen, die sich, etwa durch Kleidung, als säkular ausweisen, von vorneherein mit Misstrauen begegnet würde.

Dabei ist zweitens die feste Absicht deutlich, im islamischen

Werterahmen zu bleiben. Die meisten der Fragen enthalten eine Passage, in der auf islamische Werte rekurriert wird (»als Muslima sehe ich meine Verpflichtungen [...]«; »Ich liebe meine Eltern und möchte sie in keinster Weise kränken«; »ich glaube nicht, dass Frauen im Islam so eingeschränkt sind«). Die Aussage dieser rhetorischen Figur ist: »Ich bin Muslima. Die Probleme, die ich mit meinen Kindern/Eltern/Gatten habe, resultieren nicht aus dem Wunsch, aus dem islamischen Umfeld auszubrechen. Auch ist nur eine Lösung für mich akzeptabel, die diesen grundlegenden Wunsch respektiert.« Ich lese diese rhetorische Figur als Antwort auf das soziale Umfeld. Es wird eine Lösung gesucht und vorgeschlagen, die dieses soziale Umfeld mit einbezieht, und die Chancen hat, darin akzeptiert zu werden. Die Frauen werden in ihrem sozialen Beziehungsgewebe gesehen – es wird nicht versucht, sie davon zu trennen. Dieses Bemühen gibt der ganzen Arbeit einen vorsichtigen Zug. All dies geschieht offenbar in dem Wissen darüber, dass nachhaltige Lösungen zu finden sind. Es geht nicht um Konfrontation, sondern – um mit Nökel zu sprechen – um »sehr geordnete Umschichtungsprozesse, die auf Selbststeuerung und Veränderung von Machtbalancen zielen und die sich in alltagsweltlichen Interaktionen reifizieren« (2002: 263). Anstelle des Bruchs erfolgt »eine Umordnung durch Aushandlungen in der Interaktion« (2002: 264). Bei Nökel beziehen sich diese Sätze auf die persönlichen Strategien der Neo-Muslimas vor allem im Umgang mit den Eltern, hier findet es Niederschlag in Strategien der sozialen Arbeit.

Bemerkenswert ist drittens eine Verschiebung von einer männlich gesetzesorientierten Perspektive, die die Beratung der Hodschas charakterisierte, zu einer frauenorientierten und stärker individuierten Sicht. Wie nichts anderes zeigt dies die Perspektive, die in den Fragen eingenommen wird, und die den Leser dazu bringt, sich mit dem Schicksal der fragenden Frau zu identifizieren. Bei allen Beispielen ist der Versuch deutlich, die Situation der Frauen zu stabilisieren. Dabei ist das entscheidende soziale Vertrauen, das die Frauen aus den islamischen Gemeinden bei diesen Versuchen genießen, das zentrale Kapital, mit dem sie wuchern können.

Angesprochen wird also eine bestimmte Klientel, nämlich

gläubige muslimische Frauen. Man kann in dieser Verankerung das Bedürfnis sehen, die Frauen, wie es im pädagogischen Diskurs so heißt, dort abzuholen, wo sie sich befinden. Man hat den Eindruck, dass mit dieser Arbeit eine Klientel erreicht werden kann, die für das Angebot der staatlich organisierten Sozialarbeit unerreichbar ist.

Bei alldem darf man nicht vergessen, dass es sich um Stimmen einer Avantgarde handelt. In den Gemeinden vor Ort hört man oft andere Töne. Die »klassische« Beratung durch die Hodschas findet nach wie vor statt, erst langsam, aber deutlich etablieren sich daneben die Positionen, die hier beschrieben wurden. Dies ist auch nicht zuletzt deshalb der Fall, weil diese Entwicklungen durch den Gesamtverband unterstützt werden.

Konsequenzen

Lässt man das Material Revue passieren, so ergibt sich folgendes Bild: Die IGMG entwickelt beachtliche Initiativen der Sozialarbeit, mit denen, soweit ich es beurteilen kann, relativ erfolgreich dem Abgleiten in Delinquenz, Rauschgift- und Drogenkonsum entgegengewirkt wird und die Integration in Schule und Arbeit bewusst gefördert wird – und zwar sowohl für Frauen als auch für Männer. Sie entwickelt ebenfalls beachtliche Initiativen in ihrer Familienberatungstätigkeit in Bezug auf die Stärkung der Stellung der Frau in den Familien. Dies verbindet sich mit einem hohen Grad von Einbindung über einen elaborierten Organisationsrahmen und dem Vermitteln einer starken religiösen Identität. Außer Frage scheint mir ebenfalls zu stehen, dass letzteres nicht der Abschottung von der Gesellschaft dient, sondern eher dem *empowerment* – denn letztendlich sollen sowohl der Rückhalt in der Gemeinde als auch eine starke religiöse Identität den Einzelnen in die Lage versetzen, sich mit der Gesellschaft auseinanderzusetzen.

Man wird also kaum bestreiten können, dass die Mitgliedschaft in der IGMG durchaus integrativ in Bezug auf die gesellschaftlichen Teilbereiche Schule und Arbeit ist und Desintegrationstendenzen, die mit Delinquenz, Rauschgift und soziopsychischen Problemen zusammenhängen, aktiv entgegenwirkt.

Von dem Vorwurf, Parallelgesellschaften errichten zu wollen, bleibt, bei Tage betrachtet, nicht viel übrig. Was allerdings bleibt, ist die Frage nach der Integration in das politische Feld. Das Unbehagen weiter Kreise an der Tätigkeit der IGMG beruht darauf, dass das Vermitteln einer starken islamischen Identität verbunden mit einer hohen sozialen Einbindung letztendlich systemsprengend, also politisch desintegrierend wirken könnte. Schließlich kann eine effektive Sozialarbeit auch ein Mittel sein, um die Islamisierung der Gesellschaft auf weichem Weg voranzutreiben. Aus dieser Perspektive stellt es eher ein Problem dar, dass die IGMG gerade keinen Rückzug predigt, sondern ihre Mitglieder für gesellschaftliche Auseinandersetzungen stärkt.

All dies ist natürlich nicht auszuschließen – und in der Tat hat auch die *Milli Görüş* eine derartige Position in den achtziger und neunziger Jahren programmatisch vertreten. Unbestreitbar ist auch, dass es nach wie vor Stimmen in der Gemeinde gibt, die eine Radikalopposition zur Mehrheitsgesellschaft vertreten. Dennoch unterschätzt diese Einschätzung die erheblichen Bindungskräfte, die sich entfalten, wenn man sich auf die Gesellschaft einlässt. Die Integration in Schule und Arbeitswelt ist kein rein äußerlicher oder technischer Prozess, sondern formt einen auch innerlich. Dies gilt besonders für den Besuch einer weiterführenden Schule. In unserer vergleichenden Studie zur politischen Sozialisation von türkischstämmigen Schülern an weiterführenden Schulen in Frankreich, England, Holland und den Niederlanden konnten wir zeigen, wie die Schüler von diesen Einrichtungen geprägt waren (Schiffauer et al. 2002). Der kontrastive Vergleich machte sichtbar, was verborgen bleibt, wenn man nur einen Fall ansieht, nämlich wie »deutsch«, »englisch«, »französisch« oder »holländisch« die von uns untersuchten Jugendlichen in den verschiedenen Kontexten argumentierten. Fast unmerklich hatten die Jugendlichen die Grammatik der politischen Kultur des jeweiligen Landes angeeignet, d.h. die Regeln, denen man folgen musste, um ein Argument zu präsentieren, die Grenzen, die zu respektieren, die Tabus, die zu beachten waren usw. Allgemein waren Werte wie Kritikfähigkeit, Egalität, Diskussionskultur oder auch die Selbstverständlichkeit von Konflikten fast subkutan ins Blut übergegangen.

Dies deckt sich auch mit meinen persönlichen Beobachtungen in den islamischen Gemeinden. Ich war fasziniert davon, wie groß, auch bei Gleichaltrigen, die Differenzen zwischen denjenigen waren, die eine türkische Schullaufbahn und denen, die eine deutsche absolviert hatten. Diese Differenzen waren auch meinen Gesprächspartnern in den islamischen Gemeinden sehr bewusst. Sie betrafen etwa die Unterschiede, was die Hochschätzung von Rhetorik oder eine generelle Skepsis ihr gegenüber angeht; eine bestimmte Art, sich selbst zu inszenieren, bestimmte Formen der Selbstrelativierungen, oder die Bereitschaft, Konfliktpunkte offen anzusprechen. Die Differenzen wurden von ihnen etwas selbstironisch auf den Gegensatz zwischen »deutscher Logik« (*alman mantığı*) und »türkischer Logik« (*türk mantığı*) gebracht. Kurz: Wenn auch durch und durch innerhalb des islamischen Rahmens diskutiert wurde, so geschah dies von den einen auf eine unverkennbar türkische, von den anderen auf eine unverkennbar deutsche Weise.

Die Tatsache, dass man ebenso sehr vom europäischen Bildungssystem wie von der Familie und der islamischen Gemeinde geprägt ist, ist reflektierteren Gemeindemitgliedern sehr bewusst. Der bereits wiederholt zitierte Abdulgani K. leitete aus dieser Tatsache ein Argument gegen islamische Kindergärten ab:

»Also ich habe ein Problem mit islamischen Kindergärten, Schulen oder islamischen Sonstnochetwas. Einerseits hat natürlich die Erfahrung, die wir durchgemacht haben, ihre schmerzlichen Seiten, aber ich denke, wir wurden gerade das, was wir sind, weil wir in diesen gemischten Klassen gewesen sind. Ich würde nicht so denken, wie heute, wenn ich in einem Aquarium aufgewachsen wäre. Würde ich mein Kind in einem türkisch-islamischen Kindergarten oder eine islamische Grundschule einschulen? Ich würde es garantiert nicht tun. Weil ich da so befürchte, dass da Aquariumssituationen entstehen und die Kinder dann auch nicht zurechtkommen mit Andersgläubigen [...] Wenn sie die ganze Zeit nur Türken um sich herum haben – wie sollen sie dann mit Nicht-Türken und Nicht-Muslimen umgehen? Wo sollen sie das lernen? Also solche Situationen wünsche ich mir ehrlich gesagt nicht.« (Ebd.)[10]

Hier wird ein starkes identitätstheoretisches Argument formuliert: Wenn man sich selbst treu bleiben will, darf man nicht in die Falle von Gegenüberstellung und Polarisierung (im Sinne von Islam und Westen) fallen, sondern vielmehr die Entwicklung einer Pluralität von Bezügen vorantreiben. Sich für die eine oder andere Seite zu entscheiden, würde die Abspaltung eines Teils des Selbst bedeuten und hätte etwas von Selbstverleugnung. Worauf es ankommt, ist zu der Komplexität der Biographie zu stehen, und das heißt, Übersetzungs- und Kommunikationskompetenz zu entwickeln.

Anders formuliert: Eine Gemeinde, die für ihre Mitglieder die Integration in Schule und Arbeitswelt anstrebt, muss damit rechnen, dass sich ihre Mitglieder in diesem Prozess innerlich wandeln. Umgekehrt wäre eine Gemeinde, die auf die Reinheit der Lehre beziehungsweise auf Polarisierung von Westen und Islam bedacht ist, denkbar schlecht beraten, eine Politik zu fahren, die den Besuch der weiterführenden Schulen der Mehrheitsgesellschaft propagiert.

Ein zweiter Faktor, über den sich Bindungskräfte entfalten, ist das generelle Interesse daran, islamische Topoi in die Gesellschaft einzubringen. Soweit die Jugendlichen in der *Milli Görüş* politische Interessen verfolgten (die Mehrheit ist apolitisch), ist festzuhalten, dass diese Jugendlichen »begannen, die revolutionären Milli Görüş-Ideale ihrer Eltern in konkrete Forderungen nach politischer, sozialer und rechtlicher Inklusion zu übersetzen« (Jonker 2006a: 139). Einen Jugendlichen dieser Art beschreibt Nikola Tietze:

»Das Beispiel von Ertekin aus Wilhelmsburg zeigt, dass die ideologische Dimension, die die Religion bietet, zur Conditio sine qua non gesellschaftlichen Handelns werden kann. Ertekin, Student der Wirtschaftswissenschaft, überwindet seinen Frust über die Nichterlangung der deutschen Staatsbürgerschaft durch die Vorstellung von einer den deutschen Christen gleichgestellten muslimischen Gemeinschaft. Im Namen dieser Gemeinschaft nehmen er und seine Freunde aus der Milli-Görüş-Gruppe an allen möglichen Versammlungen teil und fordern von den Behörden den Bau einer richtigen Moschee, Befreiung der Mädchen vom gemischten Schwimmunterricht, Maßnahmen gegen die Diskriminierung der Ausländer, aber auch Schutz vor dem Giftmüll der

Stadt Hamburg, mehr Kindergärten und vieles andere. Ertekin sieht die Gemeinschaft der Muslime als eine soziale Institution, die ein Recht auf eigene Regeln im öffentlichen Raum hat.« (Tietze, 2001: 149)

Wer in der Gesellschaft wirkungsvoll Politik machen will, muss sich auf sie einlassen: Er muss ihre Regeln und Tabus kennen, muss wissen, wie man argumentieren muss, muss Koalitionspartner suchen und muss sie nicht zuletzt bei der Stange halten, indem er sich als ein zuverlässiger und berechenbarer Partner erweist. Auch dies geht nicht spurlos an einem vorüber. Es ist das Wissen um diese Formung, das radikal islamistische Gruppen, wie etwa den Kalifatsstaat, immer davon abgehalten hat, sich innergesellschaftlich für konkrete Anliegen (also etwa im Ausländerbeirat) zu engagieren.

Ein dritter Faktor, der starke Bindungskräfte entfalten kann, ist der Versuch des sozialen Aufstiegs – sowohl in seiner individuellen, als auch in seiner kollektiven Konnotation. Dieser Versuch, gesellschaftliche Anerkennung zu erlangen, verlangt dem Einzelnen wie der Gemeinde ab, sich auf die Gesellschaft einzulassen – beziehungsweise ihren Maßstäben gerecht zu werden. Es handelt sich letztlich um einen aktiven Versuch der Verbürgerlichung. Ein starkes Programm des Einstiegs in die Mehrheitsgesellschaft ist mit dem Programm des Radikalislamismus und seiner absoluten Entgegensetzung von Islam und Westen unvereinbar. Wenn man in die Gesellschaft hinein will und in einer Gesellschaft etwas erreichen will, muss man diese Gesellschaft in sich aufnehmen – in diesem Prozess wird man zum Teil der Gesellschaft. Verbürgerlichung ist mit revolutionärem Engagement schwer vereinbar.

Ich habe den Eindruck, dass vielen Mitgliedern der *Milli Görüş* sehr bewusst ist, welchen assimilativen Kräften sie ihre Kinder aussetzen. Auf diesem Hintergrund wirkt die bewusste Betonung der Identitätspolitik noch einmal anders. Sie soll die Kinder nicht nur mit Selbstbewusstsein für die Auseinandersetzung mit der Gesellschaft ausstatten – sie soll auch dafür sorgen, dass sie in dem Prozess nicht verloren gehen. Gerade weil sie sich einlassen sollen, muss das kulturelle und religiöse Erbe gepflegt werden:

»Im Endeffekt bekommt man eine Sprache in die Wiege gelegt und hat dann die Möglichkeit, diese auszubauen und hat dann die Möglichkeit, auch kulturell weiteres Wissen zu erlangen [...] also etwa die Wissens- und Kulturlandschaft in Istanbul mitzukriegen.« (Abdulgani K., Interview in Köln 22.3.2007)

Auf diesem Hintergrund erscheint es wenig wahrscheinlich, dass eine Strategie, die radikalen Systemwandel durch Sozialarbeit beziehungsweise innergesellschaftliches Engagement erreichen will (soweit sie denn überhaupt angestrebt wird), aufgeht. Viel wahrscheinlicher ist es, dass diejenigen, die sich auf die Gesellschaft einlassen, früher oder später von der Idee des radikalen Umbruchs Abstand nehmen – was nicht heißt, dass sie nicht auch bedeutsame Veränderungen *innerhalb* des Systems erreichen können.[11]

Diese Entwicklung muss sich jedoch nicht linear vollziehen. Es ist weitgehend vom Verhalten der Mehrheitsgesellschaft abhängig, ob die Bindungskräfte ihr Potenzial entfalten – oder ob es Rückschläge in diesem Prozess der Integration über Konflikt gibt. Identitätstheoretisch ist es ja durchaus nicht ausgeschlossen, dass es zu Abspaltungen von Teilen des Selbst kommt. Anders formuliert: Wenn sich der Eindruck durchsetzen sollte, dass die Gesellschaft kein »Sowohl-als-auch« zulässt, dass sie keine Zwischenräume erlaubt und Eindeutigkeit erzwingt oder dass sie jedem Ausdruck von Hybridität mit Misstrauen begegnet, dann ist es nicht undenkbar, dass die Widersprüche zugunsten einer vermeintlichen Klarheit aufgelöst werden – d.h., alle Träume, Muslim in einer europäischen Gesellschaft zu sein, werden als illusorisch wahrgenommen. Es kann dann zu einer Fundamentalisierung kommen, zu enttäuschtem Rückzug oder zu Radikalisierung.

Anmerkungen

1 *Milli Görüş* heißt wörtlich »Nationale Sicht«. Ursprünglich dürfte dem für eine religiös-politische Bewegung ungewöhnlichen Namen die Idee der Identifikation von (türkischer) Nation und Islam zu Grunde gelegen haben. In den letzten

Jahren wird im Zusammenhang mit einer stärkeren Betonung der religiösen über die politischen Gehalte auch »milli« auf »millet« (die ethnisch-religöse Gemeinschaft) verwiesen.

2 Zur Auseinandersetzung um die *Milli Görüş* siehe Schiffauer 2004. Die Einschätzung, die seitens des Verfassungsschutzes vollzogen wird, wird bei Schiffauer 2006 diskutiert.

3 Hermann Tertilt beschreibt in seiner Studie »Turkish Power Boys« (1996), wie eine Eckenstehergruppe sich in eine sehr gewaltbereite Gang transformierte – ein Auslöser war der amerikanische Spielfilm »Boyz'n the hood«, der die Gangs von Los Angeles zum Thema hatte. Er zeigte in dieser Studie, wie eine aus der Gruppe eher zufällig erfolgte Gewalttat die Funktion eines Katalysators bekam. Die Gewalt wurde wie ein Rausch erlebt und führte zu Folgetaten. Eine ähnliche Beschreibung von Gewaltdynamiken in diesen Milieus findet sich bei Ferdinand Sutterlüty (2003).

4 Beim Sommercamp auf den Erlacher Höhen wurde während meiner Anwesenheit der Muhammed-Film »The Message« mit Anthony Quinn und die türkische Produktion »Ahsab-I Kehf. Mağara Arkadaşlar« gezeigt, die aus islamischer Perspektive die Jesusgeschichte erzählt. Ein dreizehnjähriger Besucher des Camps fasste den Film folgendermaßen zusammen: »Der Film geht über die Isahiler, die an der ursprünglichen Botschaft von Jesus festhalten. Sie sehen sich Verfolgung und Martyrium ausgesetzt. In ihrer Not fliehen sie in die Höhle von Tarsus, in der sie dreihundert Jahre übernachten.«

5 AKP: Die Adalet ve Kalkınma Partisi – Partei für Gerechtigkeit und Aufschwung – ist die islamische konservative Partei des Ministerpräsidenten Recep Tayyip Erdoğan und des Staatspräsidenten Abdullah Gül.

6 Bei den Gemeinden der DİTİB (Diyanet İşleri Türk İslam Birliği beziehungsweise Türkisch-Islamische Union der Anstalt für Religion e.V., die mit dem staatlichen Präsidium für Religiöse Angelegenheiten der Türkei verbunden ist) wurden ab 1983 Hodschas, die aus der Türkei für fünf Jahre abgestellt wurden, beschäftigt. Die anderen Gemeinden – die *Milli Görüş*, die Idealistenvereine, aber auch die Kaplan-Gemeinde griffen meistens auf pensionierte Hodschas aus der

Türkei zurück. Ein Problem ist, dass die Hodschas aus der Türkei die Löhne drücken. Sie sind oft für 600 oder 700 Euro bereit, zu arbeiten – während ein Hodscha aus Deutschland von einem solchen Gehalt nicht leben könnte.

7 In seiner Drastik wirkt dieser Migrant wie ein bäuerlicher Migrant der ersten Generation. Gerade in dieser Gruppe hat die Verschiebung der Geschlechterrollen mit der Erwerbsarbeit außerhalb des Hauses oft zu einer Verschlechterung des Rechtsstatus der Frau geführt. Während in der dörflichen Arbeit Männerarbeit und Frauenarbeit als komplementär gesehen werden – so dass keines ohne das andere Sinn macht – wird in der industriellen Lebenswelt die Arbeit gegen Verdienst leicht als Grundlage des Lebensunterhalts betrachtet – und die Hausarbeit relativ abgewertet. Der Fall greift also ein Problem auf, das von weiterer Bedeutung sein dürfte.

8 Der Hinweis mag gestattet sein, dass ein wesentliches Element der Islambegeisterung Goethes sich aus dieser Wurzel speiste (Mommsen 2001).

9 Esin Bozkurt hat in ihrer Dissertation die zentrale Rolle von Familien im Migrationskontext herausgearbeitet (Bozkurt 2007).

10 Abdulgani K. ist kein Einzelfall. Nach Meng schicken wesentlich mehr organisierte Muslime ihre Kinder in deutsche Kindergärten als die Vergleichsgruppe (54,2 % zu 39 %) (Meng 2004).

11 Historische Beispiele für die Transformation von systemsprengenden revolutionären zu systemimmanent reformistischen Kräften gibt es zuhauf – angefangen bei den revolutionären protestantischen Sektengemeinden der frühen Arbeiterbewegung über die Sozialdemokratie bis zu den Grünen.

4. Großstädtische Identifikationen

Das Bild der Parallelgesellschaft suggeriert das Bild einer zerfallenden Gesellschaft. Die Bindung der Mitglieder gilt nur der eigenen ethnischen oder religiösen Gruppe, allenfalls dem Herkunftsraum, nicht aber der Gesellschaft als Ganzer. Das Partikularwohl triumphiert über das Allgemeinwohl. »Immigranten«, so formuliert etwa Jonathan Friedman, »haben zunehmende Schwierigkeiten und ein abnehmendes Interesse, sich mit dem Ort zu identifizieren, an den sie ziehen.« (Friedman 1999)

Ein erster Blick in die empirischen Untersuchungen, die sich mit der Frage der Selbstverortungen von Einwanderern auseinandersetzen, scheint dies zu bestätigen. Übereinstimmend wird berichtet, dass den meisten Angehörigen einer zweiten und dritten Generation der Satz »Ich bin ein Deutscher« kaum über die Lippen kommt. Wenn er geäußert wird, dann bezieht er sich in der Regel allenfalls auf die Staatsbürgerschaft – nicht aber auf eine ethnisch-nationale Selbstverortung. Viel tragfähiger scheinen die Selbstidentifikationen als »Ausländer« (Mannitz 2006: 187), als »Kanaken« (Kaya 2007) oder als »Türken« (Bozkurt 2007) zu sein, die alle eine Distanz zur Mehrheitsgesellschaft signalisieren. Allerdings gibt es eine Auffälligkeit. In einem bemerkenswerten Kontrast zur generellen Distanz, die gegenüber der Nation formuliert wird, steht nämlich eine nicht weniger generelle Bejahung der Stadt, in der man lebt. Sie wird als Heimat gesehen – und man selbst definiert sich als Hamburger, Berliner oder Bremer. Es hängt offenbar davon ab, welchen Ort man im Auge hat, ob man der zitierten Einschätzung von Friedman zustimmt.

Was hat es mit dieser Differenz von Loyalitäten auf sich? Warum ist die Identifikation mit der Nation so schwierig – und was macht die Identifikation mit der Stadt so unkompliziert? Besonderes Interesse gilt dabei auch der Frage, welche zivilgesellschaftliche Potenziale letzteres birgt – insbesondere in Hinsicht auf Solidarität und bürgergesellschaftliches Engagement.

»Deutsch-Sein – das schreckt doch irgendwie ab«

Beginnen wir mit der Frage, warum das Bekenntnis zu Deutschland so schwer fällt. Sabine Mannitz hat in ihrer Studie zu einer multinational zusammengesetzten Freundinnengruppe der zweiten Generation (2006) überzeugend gezeigt, wie die Frage der nationalen Verortung sehr stark mit einem Bekenntniszwang verbunden ist. Druck in dieser Frage ging sowohl von der Seite der Eltern als auch seitens der deutschen Mehrheitsgesellschaft (in diesem Fall besonders der Schule) aus. Was die Eltern betrifft, so beklagten die jungen Frauen eine Tendenz ihrer Eltern, alles mögliche Verhalten – etwa den Wunsch länger auszugehen, oder die Weigerung abzuwaschen – als »Verdeutschung« und damit als Absage an das Türkisch-, Griechisch- oder auch Indisch-Sein usw. zu interpretieren (Mannitz 2006: 110). Diese Haltung entspringt der verständlichen Angst von Immigranten der ersten Generation, in ungewohnter Umgebung von ihren Kindern entfremdet zu werden und sie zu verlieren. Jedes Zeichen von Rebellion, jede Zögerlichkeit, die Ansprüche der Eltern zu erfüllen, wird auf dem Hintergrund dieser Sorge schnell als ein Zeichen von wachsender Distanz gedeutet. Von Seiten der Schule, mithin des entscheidenden Ortes, an dem Einwandererkinder mit den Erwartungen der Mehrheitsgesellschaft konfrontiert wurden, gab es umgekehrt die Tendenz, die »Verdeutschung« einzufordern – und eine entsprechende Neigung, die Weigerung, an einem Klassenausflug teilzunehmen oder das Anlegen eines Kopftuchs als Integrationsverweigerung zu interpretieren. Der Familienhintergrund wurde tendenziell als ein problematisches Erbe gesehen, das es möglichst schnell abzulegen galt. All dies wurde als »Zwang zur Eindeutigkeit« empfunden, als eine Aufforderung, die Seite zu wechseln beziehungsweise sie keinesfalls zu wechseln. Wie Caroline Schmidt-Hornstein (1995) gezeigt hat, wird in dieser Situation sowohl der beiläufig hingesprochene Satz »Du als Türke/Türkin« oder die als Kompliment gemeinte Aussage: »Du bist ja gar keine richtige Türkin« mehr zur Belastung, weil er eine Positionierung auf der einen *oder* der anderen Seite verlangte.

Dieser Zwang zur Eindeutigkeit wurde den komplexen Bindungen, die diese Generation in beiden Feldern – in der Familie wie in der Schule – ausgebildet hatte, nicht gerecht. In Interviews, die ich in islamischen Gemeinden bei dieser Generation durchführte, wurde immer wieder deutlich, dass das Elternhaus für Wärme, Bindung, Liebe und gleichzeitig für eine bestimmte Borniertheit und Enge stand; die Schule dagegen oft als Raum von intellektueller Freiheit, Diskussionskultur, Kompromissbereitschaft und Gleichheit – aber auch von Beziehungslosigkeit, Gleichgültigkeit und Regelchaos usw. – wahrgenommen wurde. Die Komplexität dieser Loyalitäten zeigt sich besonders schön an einer kleinen Facette. Oft drücken junge Frauen Dankbarkeit gegenüber den Eltern (und den Opfern, die sie gebracht hatten) aus, *weil* sie sie nach Deutschland gebracht hatten. Ohne sie würde man im Herkunftsdorf leben, hätte keine Möglichkeit der weiterführenden Ausbildung und würde wahrscheinlich mit dem Cousin verheiratet werden: Gerade diese Dankbarkeit brachte sie dazu, den Empfindlichkeiten und Sorgen der Eltern in Bezug auf das »Verdeutschen« Rechnung zu tragen und ihren Wünschen – etwa in Bezug auf Kleidung – zu entsprechen.

Diese komplexen Zuordnungen von der Türkei und Deutschland fanden in äußerst heterogenen Bildern von Deutschland und Herkunftsnation ihren Ausdruck – wobei je nach Situation mal der eine, mal der andere Zug in den Vordergrund gerückt wurde:

»Deutschsein wurde demnach als ein dichtes Knäuel an Vergemeinschaftungsmomenten und Eigenschaften verstanden, von denen nur manche teilbar waren: Abstammung, die nationale Geschichte, eine

Mentalität, die für kühle Rationalität und ökonomischen Erfolg stand, aber auch für irrationalen Fremdenhass und systematischen Völkermord, modernes gesellschaftliches Leben, Gleichberechtigungsideale, Diskussionskompetenz und Kompromissbereitschaft – eine so komplexe wie ambivalente Melange. *Werden* könne man es höchstens bis zu einem Grad von ›deutsch halb-halb‹ – so Ilona [...].« (Mannitz 2006: 172)

Einmal werden ›die Deutschen‹ als leuchtendes Gegenbild zu den eigenen Familien gesehen (ebd.: 115); ein andermal erscheinen sie als problematisch – so sehr, dass man sich keinesfalls mit der Kategorie identifizieren kann. Einmal wird die Herkunftskultur als Ort der Borniertheit und Engstirnigkeit gezeichnet; ein andermal in leuchtenden orientalistischen Farben gezeichnet (ebd.: 121, 122).

Das Problem für diese Generation liegt weniger in der faktischen Differenz zwischen den Kulturen – diese ließen sich bewältigen – als dass sich die beiden Seiten in stereotypenhafter Weise jeweils gegeneinander definieren und voneinander absetzen. In Immigrantenfamilien wird Deutschland assoziiert mit zerbrochenen Familien, sexueller Freizügigkeit, Alkohol und Drogen, Nazismus und Gewalt. Für die Deutschen sind die Immigrantenfamilien rückwärtsgewandt, autoritär, frauenfeindlich und Orte innerfamiliärer Gewalt. Damit gibt es keinen Raum für die Erfahrungen, die man als Heranwachsender im jeweils anderen Beziehungsfeld sammelt: Weder können die Kinder aus Migrantenfamilien in der Schule die positiven Erfahrungen zu Hause einbringen, noch zu Hause die positiven Erfahrungen in der Schule. Sie verfangen sich in den wechselseitigen Zuschreibungen. Was sie auch mitteilen, wird falsch decodiert: Für Lehrer und Mitschüler ist der Zwang, die Abende zu Hause zu verbringen (oder die Nicht-Teilnahme an Klassenfahrten) schlicht Ausdruck kultureller Repression; für die Eltern ist die an der Schule vermittelte Diskussionskultur nur Ausdruck von Respektlosigkeit und Grenzverletzung. Was sie auch mitteilen, wird falsch verstanden – als Rechtfertigung, Beschönigung usw. Obwohl sie beide Sprachen beherrschen, können sie oft nicht von einem Kontext in den anderen übersetzen (Schiffauer 2002: 58-67). Sie sind *lost in translation*, wie es Ewa

Hoffmann in ihrer eindrücklichen Autobiographie (1989) geschildert hat.

Diese Generation wurde oft zu Meistern des Situationsmanagements. Ich hörte von Fällen, in denen die gleiche Person die »deutsche Kultur« zu Hause vor den Eltern und die »türkische Kultur« in der Schule vor den Lehrern und Mitschülern verteidigte. Sabine Mannitz fasste diese Kompetenz schön zusammen:

»Anders als manche Schulbücher, LehrerInnenkommentare und Äußerungen deutscher MitschülerInnen nahe legten, sahen sie sich dabei aber keineswegs in einem ehernen Gehäuse traditionalistischer Herkunftskultur gefangen, sondern als kompromissbereite Mittlerinnen, denen die verdiente Anerkennung mangels Kompromissbereitschaft der übrigen Beteiligten versagt blieb.« (Mannitz 2006: 307)

Was das Selbstbild dieser Generation betraf, so nahm es manchmal die Form eines radikalen Individualismus an. Wenn sie sich als »Ausländer« bezeichnen, oder die Zuschreibung »Kanake« übernehmen, so wird damit (wie Sabine Mannitz herausgearbeitet hat) ein Raum bezeichnet, der weder türkisch noch deutsch ist – oder der sowohl deutsch wie nicht-deutsch ist: »Ausländer« bezeichnet die Existenz des Nicht-Deutschen, der in Deutschland lebte und dort seine Heimat hat. Der ethno-nationale Begriff des Deutschen bildet dagegen keinen Verhandlungsspielraum für hybride Identifikationen.

»Die gewählten Konzepte der eigenen Lebensführung waren nicht daran ausgerichtet von irgendwelchen Gemeinschaften vorgezeichnete Lebenslaufmuster zu übernehmen, sondern am Schnittpunkt von individueller Projektion und der Verwiesenheit auf andere anschlussfähig zu bleiben.« (Mannitz 2006: 308)

Nun wäre zu erwarten, dass sich diese Kategorien mit der Zeit auflösen und in den Hintergrund treten würden. Dies ist nicht eingetreten. Esin Bozkurt hat in ihrer Dissertation zu der Entwicklung des Heimatbezugs bei Deutsch-Türken über drei Generationen hinweg gezeigt, dass sich dieser Heimatbezug in der Abfolge der Generationen nicht etwa abschwächt, sondern lediglich eine andere Form annimmt. Besonders interessant ist in unserem Zusammenhang die Darstellung der dritten Generation, die in Deutschland geboren und aufgewachsen ist – und die die Türkei lediglich aus Erzählungen und vom Urlaub her kennt. Wichtig ist auch, dass das Material 2006 erhoben wurde – zehn Jahre nachdem Sabine Mannitz ihre Untersuchungen begonnen hat. Eine Antwort auf die Frage, warum auch diese Generation (die, anders als die zweite Generation, mit der Türkei keine Kindheitserinnerungen mehr verbindet) die Türkei als ihre Heimat empfindet, sieht Esin Bozkurt in einem weitgehend geteilten Gefühl, mit anderen gleich zu sein und *dennoch* anders behandelt zu werden (während die zweite Generation, um es etwas pointiert zu sagen, durchaus das Gefühl hatte, anders zu sein – aber auf andere Weise und in anderer Hinsicht, als es die Mehrheitsgesellschaft meinte).

Diese *Ver-Anderung* hat verschiedene Gesichter. Sie beginnt auf einer banalen Ebene schon bei schulischer Arbeitsteilung. Wenn in der Schule Referate mit Türkei- oder Islambezug vergeben werden, werden oft türkischstämmige Schüler angesprochen. Von meinen Gesprächspartnern wurde dies durchaus ambivalent gesehen: Einerseits habe es ihnen viel genützt, andererseits: »Wieso ich denn jetzt immer? Ich hätte schließlich gern auch das Thema zum Kommunismus genommen. Nur da kommt man da auch irgendwie gar nicht ran.« (Abdulgani K., Interview Köln 22.3.2007). In dem durchaus pädagogisch und wohlmeinend motivierten Anliegen, den Interessen der Schüler entgegenzukommen, schwingt häufig eine Markierung als Anderer mit.

Wesentlich problematischer wird es empfunden, wenn man auf Stereotype festgelegt wird. So schilderte eine Gymnasiastin aus Bremen ein Gespräch mit Eltern von Freundinnen:

> »Sie fragen eine Menge über meine Eltern, machen ihre Kommentare, legen nahe dass sie die Drecksarbeit machen, dass sie Arbeiter sind, schauen mich mit mitleidigen Augen an [...]« (Bozkurt 2007: 200) »Wird sie geschlagen wenn sie spät nach Hause kommt? Hat sie einen Bruder der sie kontrolliert?« (Ebd. 201) »Sie sehen, dass wir mehr oder weniger dasselbe Leben führen, aber sie sind nicht überzeugt.« (Ebd. 201) »Ich habe es satt, Fragen zu beantworten.« (Ebd. 201)

Das entscheidende Problem ist dabei nicht, dass gefragt wird, sondern wie gefragt wird: »Sie fragen nicht um zu lernen, denn dann würden sie zuhören. Die Leute haben Sorgen: Sie sind misstrauisch.« (Ebd. 201)

Dabei sind es auch relativ harmlose Fragen, die immer wieder das Gefühl, nicht eingeschlossen zu werden, betonen: »Sie fragen: Woher kommst du. Wenn du dann sagst: aus Paderborn, geben sie sich nicht damit zufrieden. Unweigerlich kommt dann die Frage, woher kommst du eigentlich.« (Ayşe K., Interview vom 20.2.2007) In dem »eigentlich« sah mein Gesprächspartner die Differenz beschlossen. In ihm liegt die Aussage beschlossen: »Eigentlich« bist du kein Deutscher – und »eigentlich« wirst du nie einer werden.

Diese Erfahrungen finden ihre Kulmination in direkten rassistischen Konfrontationen, die weit verbreiteter sind, als es die deutsche Mehrheitsgesellschaft wahrnehmen will: »Ich habe es wieder gestern gemerkt, als ein Penner von der Straße mich Kanake genannt hat. Selbst die Penner demütigen dich hier.« (Bozkurt 2007: 206) Diese Erfahrungen sind verbreiteter als es das Selbstbild der Gesellschaft ausdrückt. Ich persönlich kenne keinen Migranten, der nicht früher oder später mit einer rassistischen Erfahrung konfrontiert wurde.

Der Rechtfertigungs- und Begründungszwang führte bei relativ vielen der Gesprächspartner von Esin Bozkurt aus dieser Generation zu einem Gefühl, ungewollt und unvollständig zu sein. Einer meiner Gesprächspartner – ein türkischstämmiger Hoschulabsolvent und Journalist – formulierte es folgendermaßen: »Wie soll ich mich mit einer Nation identifizieren, die mir immer wieder zeigt, dass sie mich eigentlich nicht haben will.« Eine der Gesprächspartnerinnen von Bozkurt formulierte das Gefühl, fremddefiniert zu sein:

> »Es sind andere Menschen, die entscheiden, was meine Heimat ist, wo ich mich zu Hause fühle. Man fragt die Falschen [...] Ich kann mich nicht an einem Ort zu Hause fühlen, wo ich nicht erwünscht bin.« (Bozkurt 2007: 202)

Auf dem Hintergrund dieser Erfahrungen wird deutlich, warum der Satz: »Ich bin Deutscher« auch den Angehörigen dieser

Generation so schwer fällt, die die Anpassungsleistungen völlig erfüllt haben. Man würde mit einem Statement dieser Art nicht nur auf befremdete Blicke stoßen (die einem signalisieren, dass Aussagen dieser Art ganz nett sind, aber eigentlich ...), sondern würde sich auch mit einem Aggressor identifizieren. Viel plausibler ist eine sekundäre Identifikation mit der Herkunftsnation der Großeltern. Sie *kann* von dieser Generation entwickelt werden, weil sie von ihren Eltern nicht mehr auf dieselbe Weise auf ihr Türkisch-Sein festgelegt wurde wie die Generation vor ihr. Auch die in jeder Hinsicht integrierten Mitglieder dieser Generation (und vielleicht gerade diese) entwickelten einen zunehmend phantasmatischen Heimatbezug zur Türkei, phantasmatisch deshalb, weil ihm nur rudimentäre, in der Regel im Urlaub gesammelte Erfahrungen mit der Türkei zu Grunde lagen. Hinzu kamen idealisierende Erzählungen der Großeltern. Die in Deutschland erfahrenen kategorialen Zuschreibungen bereiteten dabei den Boden, auf dem dies aufgehen konnte. Sie produzierten eine Bereitschaft, ein idealisiertes Türkeibild zu akzeptieren – ein Bild, das nach Bozkurt mehr Ähnlichkeiten mit den Hochglanzbroschüren der Reisebüros hat als mit der realen Türkei.

Nun machen auch Einwanderer in die USA oder nach Kanada rassistische Erfahrungen. Dennoch gelingt es diesen Gesellschaften in einer überraschend kurzen Zeit, starke Loyalitäten aufzubauen. Der Unterschied zu Deutschland scheint darin zu liegen, dass es hierzulande keinen symbolischen Raum für Immigranten im Diskurs gibt. Dies reflektiert sich in den Schwierigkeiten, adäquate Bezeichnungen für diese soziale Gruppe zu finden: Sie wirken gezwungen (wie »Deutsche mit Migrationshintergrund«), artifiziell (wie »Deutsch-Türken«), schlicht falsch (wie die Bezeichnung »Ausländer« für Personen, die in Deutschland geboren und aufgewachsen sind oder Immigrant der dritten Generation – inwiefern ist jemand, dessen Großvater eingewandert ist, »Immigrant«?) usw.[1] In diesen Benennungsschwierigkeiten spiegelt sich der Homogenitätszwang, der der Kategorie »deutsch« anhaftet. Er hängt mit der starken Bedeutung von Kultur zusammen, die den deutschen Diskurs über Staatsbürgerschaft charakterisiert. Weite Kreise der Bevölkerung sind der Meinung, dass man kulturell Deutscher sein sollte, um die Staatsbürgerschaft zu erlangen. Dies drückt sich etwa in dem Diktum aus, dass die Staatsbürgerschaft am Ende und nicht am Beginn des Integrationsprozesses stehen sollte – wobei mit Integration immer die Integration in die Kultur gemeint ist. Die Gründe für diese Betonung von Kultur liegen zum Teil bei den Spezifika eines Vereinigungsnationalismus (Gellner 1991), bei dem die Idee der kulturellen Einheit der Nation vor der staatlichen Einheit existierte. Hinzu kam, dass Deutschland sich weit weniger mit ethnisch-kultureller Heterogenität auseinandersetzen musste als andere europäische Staaten. Auf Grund des frühen Verlusts der Kolonien blieb Deutschland nach dem zweiten Weltkrieg die Erfahrung der Dekolonialisierung und damit der Präsenz vieler Immigranten aus den ehemaligen Kolonien erspart. Stattdessen musste die Aufnahme von Millionen von ethnisch-deutschen Vertriebenen und Flüchtlingen bewältigt werden. Während die meisten westeuropäischen Länder in den Jahren nach dem zweiten Weltkrieg ethnisch-national heterogener wurden, entstanden mit der Bundesrepublik und der DDR die in ethnisch-nationaler Hinsicht homogensten Staaten, die es je auf deutschem Boden gab. All dies führte zur Ausprägung einer latenten, aber sehr starken ethnisch nationalen Identität in der Bundesrepublik. Einbürgerungen gab es zwar immer, aber sie waren mit der Absage an die bisherige Staatsbürgerschaft verbunden – trugen also Züge einer Konversion.[2]

Ich bin eine Berlinerin

Angesichts der weit verbreiteten Zurückhaltung, was die Identifikation mit Deutschland betrifft, überrascht, wie gesagt, die in vielen Arbeiten dokumentierte uneingeschränkte Bejahung des Wohnorts oder des Viertels. »Ich liebe Kreuzberg. Ich fühle mich sicher hier« (Kaya 2001: 139); »Ich fühle mich aber in Berlin zu Hause« (Mannitz, 2006: 19; vgl. auch Tietze 2001: 224, 225; Bozkurt 2007: 212) – eine Bejahung, die ich auch in meinen Forschungen bestätigt fand. Dies wirft zwei Fragen auf: Wie ist diese andere Identifikation zu erklären? Und: Wie weit reicht sie? Wie tiefgehend ist sie?

Nähern wir uns der Frage mit einem Zitat. Die Berliner Rapperin Aziza A. schrieb:

»Ich bin eine Berlinerin. Nicht, weil ich hier geboren bin – sondern weil mein ganzes Leben hier stattgefunden hat, meine Freunde, meine Familie, meine Erziehung, meine Karriere, meine Katastrophen und alles andere. Ich kenne die Probleme dieser Stadt, ihre positiven und negativen Seiten. Deshalb bin ich eine Berlinerin.« (Aziza A., Rapperin, zitiert in Friedman 1999).

In dieser Äußerung erscheint die Stadt zunächst einfach als Ort. Eine Stadt ist zunächst ein Raum – eine Bühne, ein Rahmen, in den sich die eigene Geschichte einschreibt. In der Erinnerung – vor allem an die Kindheit – verschwimmt die eigene Biographie mit den Orten, an denen sie stattfand. Eine derartige über Lokalität hergestellte Bindung scheint zunächst – im Vergleich etwa zu Bindungen an Religion und Weltanschauung – oberflächlich zu sein. Das Gefühl von Gemeinsamkeit, das sich einstellt, wenn man entdeckt, dass man im gleichen Viertel aufgewachsen ist, gründet »nur« auf einen miteinander geteilten Raum, nicht aber auf geteilte Normen und Werte. Dies hat eine stark sinnliche Konnotation. Einen Raum teilen, heißt, Gerüche zu teilen, Geräusche, Geschmäcker, Rhythmen. Das *ist* oberflächlich, weil es sich eher auf die Außenseite als auf das Innere bezieht. Aber es ist auch – wie u.a. Marcel Proust gezeigt hat – grundlegender und elementarer.

Wir haben eine ästhetische Beziehung zu unserer Umgebung, bevor wir eine begriffliche haben. Wenn wir über unsere Kindheit und Zugehörigkeit nachdenken, stellen wir schnell fest, dass es diese Sorte visueller, olfaktorischer und auditiver Beziehung zu unserer Umgebung ist, die uns grundsätzlich bindet. Dabei weist die großstädtische Umgebung einige Besonderheiten auf. Dörfer, ländliche Umgebungen oder Kleinstädte werden schnell mit einer bestimmten ethnischen oder religiösen Gruppe identifiziert (es ist ein bayerisches, ein schlesisches Dorf). Ebenso schnell lassen sich Identitäten oder Besitzansprüche ableiten. Die Großstadt ist demgegenüber undeterminierter. Die damit verbundene Offenheit hängt damit zusammen, dass die Großstadt zunächst einmal als ein Ort definiert ist, »where strangers meet« (Hannerz 1980). Anders als die Kleinstadt, ist die Großstadt im Wesentlichen durch Zuwanderung entstanden – und daher ein relativ junges Gebilde (auch wenn das Zentrum alt sein mag). Anders als in der Kleinstadt fallen in der Großstadt die Alteingesessenen gegenüber den Neuzuwanderern der zweiten, dritten oder fünften Generation nicht ins Gewicht. Das Gesicht der Großstadt wird durch die Arbeit sukzessiver Einwanderungsgenerationen geprägt. Dies schreibt sich auch in die Zukunft hinein fort: Eine Großstadt ist prinzipiell offen für Neuankömmlinge: Man muss sich nicht symbolisch ein- oder unterordnen, um Berliner zu werden. Und man findet in ihr einen Raum, den man selbst mitgestalten und mitprägen kann.

Die großstädtische Landschaft verweigert sich deshalb der Identifikation mit einer ethnischen Gruppe, die den ländlichen und kleinstädtischen Raum charakterisiert. Wie die Bezeichnung Weltstadt – *kosmopolis* – zeigt, öffnet sie sich in die andere Richtung, nämlich zur Welt hin, also zum Allgemeinen, zum Nicht-Markierten. Eine Metropole mag in Deutschland liegen – eine deutsche Metropole wäre ein Widerspruch in sich selbst.

Diese urbane Qualität ist nicht in allen Vierteln gleich spürbar. Es gibt in jeder Metropole auch die Tendenz, *protected neighbourhoods* zu bauen und sich in sie zurückzuziehen. Je bürgerlicher ein Viertel wird, desto ethnisch homogener wird es – und desto größer wird der Anpassungsdruck, der dort ausgeübt wird. Umgekehrt scheinen die ethnisch heterogenen Einwandererviertel in einer besonderen Weise »metropolitan« zu sein. Es scheint diese Weltoffenheit zu sein, die von den Einwanderern gesehen und geschätzt wird – und nicht etwa das Ghetto.

»Die Sozialstruktur in Kreuzberg und Neukölln deuteten die Nachkommen der Einwanderer mit Hilfe dieser Narrative nicht als Cluster ethnischer Kolonien, sondern als idealisierte ›multikulturelle‹ Gesellschaft im Kleinen, in der die ›Ausländer‹ alias die ›schwarzen Schöpfe‹ den Ton angaben und mit ihrer starken Präsenz zugleich einen Schutzraum für ethnische und kulturelle Differenz bildeten.« (Mannitz 2006: 305)

In diesem kulturell heterogenen Viertel kann man sein, wer man ist:

»Ich fühle mich wohl hier weil ich nicht der einzige Ausländer bin. Ich könnte mir nicht vorstellen in einer Straße zu leben, wo es nur Deutsche gibt. Keine Türken, keine *Jugos*, keine Nigger [...] nein. Das wäre furchtbar. Dann müsste ich mich völlig anpassen. Dann müsste ich meine Kultur völlig aufgeben und ihre akzeptieren, weil ich keine Alternative hätte [...] jetzt habe ich die Wahl und niemand treibt mich in die eine oder andere Richtung.« (Bozkurt 2007: 212)

»Es ist immer das gleiche [...] die gleichen Fragen, die gleichen Bemerkungen, in manchen deutschen Vierteln. Ich meine man wird müde, einfach müde. Und manchmal hat man nicht mehr die Kraft zu antworten. Aber [hier] im Viertel sagen die Leute: Ach du bist Türke und das ist es. Weil es so viele Türken hier gibt. Es ist nichts besonderes. Ich habe das Gefühl hier normal zu sein. Ich ziehe keine Aufmerksamkeit auf mich. Leute prüfen mich nicht. Einfach ein normaler Mitbürger.« (Bozkurt 2007: 213)

Es scheint also, als werde mit der Identifikation mit Berlin sozusagen ein dritter Raum (Bhabha 1999) eröffnet, der positive kollektive Verortungen zulässt – und der sowohl gegen die Zuschreibung als »Türke« als auch als »Deutscher« gesetzt werden kann. Sich mit einer Metropole zu identifizieren, bedeutet immer auch, sich vom ethnisch-national codierten Umland abzusetzen. Berlin ist nicht Deutschland, ebenso wie Paris nicht Frankreich oder New York nicht Amerika ist. In gewissem Sinn teilt der Bezug zur Großstadt diese Züge mit anderen »dritten Räumen«. Sie lassen frei, entziehen sich den Eindeutigkeitszwängen und stehen für Heterogenität.

Eine Metropole ist jedoch ein besonderer »dritter Raum«. Konstrukte wie »Ausländer«, »Kanake« markieren zwar auch dritte Räume, tragen jedoch die nationale Identität als letzten Bezugspunkt mit – wenn auch nur durch Absetzung. Die Aussage: ›Ich bin ein Berliner‹ birgt jedoch eine eigene Qualität. Sie markiert eine positive Zugehörigkeit.

Dies hat seinen Grund darin, dass großstädtische Viertel und Metropolen eine eigene Identität haben. Die Tatsache, dass

Weltstädte komplex, heterogen und diversifiziert sind, bedeutet ja nicht – wie die konservative Kulturkritik es will –, dass sie gesichtslos wären. Es ist kein Zufall, dass wir ständig in anthropomorphen Termini von ihnen reden: Metropolen, wie Paris, London, New York oder Berlin haben »einen Charakter« oder eine »Persönlichkeit«. Damit meinen wir, dass sie zwar ständig im Fluss sind – dass sie aber diesen Fluss jeweils auf eine besondere Art und Weise organisieren: Sie haben jede ihr besonderes Raum-Zeit-Kontinuum, ihren spezifischen Rhythmus, ihre Besonderheiten und Tücken, ihre Zentren und Peripherien. Deshalb kann man einer Metropole verfallen. Sie mögen Orte sein, wo Fremde zusammentreffen: Aber dieses Zusammentreffen ist in jedem Fall besonders strukturiert – es findet in einem bestimmten Rahmen statt. Und es ist bestimmt von der spezifischen Zusammensetzung der ethnischen Bevölkerung. Diese Eigenheiten erlauben es, dass man auch Großstädte lieben und stolz auf sie sein kann. Und mehr noch: Die Städte haben einen Einfluss auf ihre Bewohner, sie prägen sie. Wie es eine kurdische Gesprächspartnerin von mir formulierte: »Ich habe viel mehr Wert auf meine Kleidung in Stuttgart gelegt als in Berlin. Stuttgart ist einfach schicker. Man kann dort einfach nicht so herumlaufen wie hier.« Eine Metropole prägt den Habitus ihrer Bewohner.

Die Großstadt drückt auch den in ihr ansässigen Migrantensubkulturen ihren Stempel auf. Martin Greve hat in seiner Studie »Die Musik der imaginären Türkei« (2003) am Vergleich von Duisburg, München und Basel gezeigt, wie unterschiedlich sich die Musikkulturen der türkischen Einwanderer in den Städten entwickelt haben. In Duisburg haben die Einwanderer jahrzehntelang unter härtesten Bedingungen gearbeitet, unterbezahlt und isoliert von der deutschen Umgebung. Landsmannschaften und Vereine prägen das Leben. Die türkische Musik ist dort von einer starken Kommerzialisierung geprägt; stilistisch dominieren Volksmusik und *arabesk*. Klassische türkische Musik und westliche Klassik sind hier kaum vertreten. Ganz anders in München. Dort hatten sich die Landsmannschaften keine eigenen Räume wie Hochzeitssalons geschaffen, die Feiern fanden in »deutschen« Räumen statt. Eine hohe Zahl guter *saz*-Spieler und -Lehrer, wie auch ein bemerkenswertes

Angebot klassischer türkischer Musik und unabhängiger westlich oder interkulturell agierender Musiker war bezeichnend. Das Beispiel Basel zeigt schließlich den Einfluss der Einwanderungsgeschichte auf das Phänomen. Hier gab es keine Arbeitsmigration; die Einwanderer waren mehrheitlich Flüchtlinge, meist Linke. Dies drückte sich in einer auffallend hohen Bedeutung von gehobener Volksmusik aus.

Bei diesen Prozessen von metropolitaner Identitätsbildung spielen Selbst- und Fremdzuschreibungen eine wichtige Rolle. Ein Gesprächspartner von Ayhan Kaya formulierte bemerkenswert luzide:

> »Wenn man uns fragt, von wo aus Berlin wir stammen, dann sagen wir, wir sind aus Kreuzberg; aber wenn man uns das gleiche außerhalb von Berlin fragt, dann sagen wir, wir sind aus Berlin. Wir sagen, dass wir aus Berlin sind, weil wir wissen, dass Berlin anderen Deutschen immer exotisch vorkommt. Berlin ist Kreuzberg.« (Kaya 2001: 140)

Mit anderen Worten: Man identifiziert sich mit Kreuzberg – oder dann mit Berlin – weil es »cool« ist. Diese Spiegelungsprozesse machten sich an der Existenz von Touristenbussen fest. Man sieht und stilisiert sich in dem (natürlich imaginierten) Blick der Touristen.

> »Vor der Wiedervereinigung kamen westdeutsche Touristen oft nach Kreuzberg, nur um einmal zu schauen, ohne den Bus zu verlassen. Sie hatten Angst vor uns. Es war als ob sie einen Zoo besuchen würden – und der Bus war ihr Käfig, der sie vor gefährlichen Tieren schützte. Dann zu Hause drückten sie gegenüber ihren Freunden ihre Begeisterung über Kreuzberg aus.« (Ebd. 141)

Diese Äußerungen zeigen, dass der Kosmopolit nicht der Heimatlose ist, der seine Identifikationen überall sucht, außer an dem Ort, wo er lebt. Die Herausbildung starker lokaler Identifikationen mit der Stadt zeigt, dass die Auffassung, die Wertintegration als Voraussetzung für Loyalität und Solidarität sieht, nicht stimmig ist. Man kann sich mit einer Stadt identifizieren, kann stolz auf sie sein, gerade weil man nicht gezwungen ist, die Werte der großen Mehrheit seiner Mitbürger zu teilen.

Städtische Loyalitäten

Diese Art der lokalen Bindung birgt ein großes Potenzial. Weil ästhetische Erfahrung sowohl oberflächlich als auch grundlegend ist, erlaubt sie Engagement/Loyalität/Bindung ohne Konformität. Dies ist besonders wichtig für Einwanderer. In Situationen, in denen er oder sie allzu leicht in Prozessen der Übersetzung verloren geht, erlaubt die Stadt oder das Viertel eine positive Verankerung: Es ist schließlich der Ort, an dem der Einwanderer lebt – wo er zur Schule geht, sich verliebt, heiratet, wo die Kinder aufwachsen. Es ist der Ort, wo er investiert, sein Geschäft aufmacht – der Ort, in den er sich einschreibt, wo sich seine Moschee oder sein Kaffeehaus befindet.

Die Identifikation mit einer Stadt ist ein Grund, sich für sie zu engagieren und für ihre bessere Zukunft zu kämpfen. Ein bemerkenswertes Beispiel für dieses urbane Engagement war die von Kreuzberger Müttern getragene Aktion »Drogendealer haut ab«, bei der sich etwa 50 Frauen – alle mit türkischem Hintergrund – zusammengeschlossen hatten, um den Drogendealern im Bezirk die Stirn zu bieten. Diese Frauen leben zum Teil seit 30 Jahren in Kreuzberg – »und sie lieben ihren Kiez« (Ferda Ataman). Sie machten Info-Stände am Kottbusser Tor und sammelten Unterschriften. Aus dem Gefühl heraus, dass diese Aktionen unzureichend waren, unternahmen sie »Lichtaktionen« – nächtliche Streifzüge mit Taschenlampen durch dunkle Hinterhöfe und Spielplätze, um dort Drogendealer aufzuschrecken: Es sind Aktionen, die in ihrer Symbolik (Licht in die dunklen Ecken zu bringen) an die amerikanischen *civil rights*-Aktionen erinnern: Man konfrontiert die Dealer, versucht ihr Schamgefühl anzusprechen. Dabei besticht an der Handlung die Zivilcourage. Sie war notwendig, weil die Polizei sich außer Stande sah, gegen die »kleinen Fische« etwas zu unternehmen.[3]

Nikola Tietze stellt in ihrer Studie zu jugendlichen Muslimen in der *Milli Görüş*-Moschee in Hamburg-Wilhelmsburg die These auf, dass die Bedeutung des Lokalen eine Möglichkeit bietet, den Ausgrenzungen, die die Einwanderer auf nationaler Ebene erleben (und die sie sich zu eigen machen), etwas entgegenzusetzen. Das hohe Maß an Identifikation mit dem Stadtteil führte, wie wir oben gesehen haben, bei ihren Gesprächspartnern zu einem bemerkenswerten Engagement vor Ort.

Hier kommt eine Eigenheit zum Tragen, die spezifisch für Deutschland ist – und die eines der Pfunde sein könnte, mit denen die Integrationspolitik wuchern könnte. Es scheint, dass das Ausmaß an lokaler Bindung in Deutschland höher ist als in vielen anderen westeuropäischen Staaten oder gar den USA. In diesen Ländern ist die Bindung von Vierteln an Klassenlagen wesentlich enger als in Deutschland – was zu dem *up and away*-Muster urbaner Mobilität führt: Sozialer Aufstieg geht Hand in Hand mit dem Umzug in »bessere« Viertel. In Deutschland findet dieser Prozess zwar auch statt – aber doch wesentlich langsamer und milder. Was die Migranten betrifft, so gibt es eine Neigung, auch in den eigenen Vierteln zu investieren – und sie nicht zu verlassen. Mit anderen Worten: Es bildet sich in den Einwandervierteln eine eigene Mittelschicht heraus, die auch in den Vierteln bleiben möchte. Wenn weggezogen wird, dann oft wider Willen – nämlich, weil die oft katastrophale Schulsituation in den Einwanderervierteln um die Zukunft der eigenen Kinder bangen lässt. Damit ist aber auch ein Hebel gegeben, mit dem (noch) in Deutschland einer zunehmenden Segregation entgegengesteuert werden könnte. Dies erfordert allerdings, dass die Schulpolitik als zentraler Eckpfeiler von Stadtpolitik insgesamt wahrgenommen wird und die bisherigen halbherzigen und weitgehend ineffizienten Maßnahmen durch entschlossene Maßnahmen ersetzt werden.

Anmerkungen

1 Es ist ebenso bezeichnend, dass die Migrationsgeschichte nur en passant in deutschen Geschichtsbüchern behandelt wird. Die Einwanderung spielt (im Gegensatz zur Vertreibung nach dem Zweiten Weltkrieg) für das deutsche Selbstbild keine Rolle.

2 Dies wurde besonders schön von Schmidt-Hornstein (1995) herausgearbeitet.

3 Die Aktion fand ein relativ breites Medienecho: Siehe die Berichte von Cem Sey (taz) in der Berlin lokal Nr. 7724

vom 25.7.2005, Seite 21; www.taz.de/pt/2005/07/25/a0221.nf/text.ges,1, von Adrienne Woltersdorf in der taz Berlin lokal Nr. 7742 vom 15.8.2005, Seite 21, www.taz.de/pt/2005/08/15/a0213.nf/text.ges,1; Ferda Ataman in SPIEGEL ONLINE. www.spiegel.de/politik/deutschland/0,1518,373861,00.html

5. Kulturelle Vernetzungen

In der Einleitung haben wir die Kultur des genauen Hinsehens eingefordert – und in den folgenden Kapiteln versucht, diese Forderung umzusetzen. Dabei haben wir drei »neuralgische« Punkte angesehen, an denen das Problem »Parallelgesellschaften« festgemacht wird: Ehrenmorde, die Rolle der islamischen Gemeinden und die Frage nach gesellschaftlichen Identifikationen. Aus dem Material dürften zwei Aspekte deutlich geworden sein: Erstens: Ja – es gibt die Probleme, auf die diejenigen hinweisen, die das Problem »Parallelgesellschaft« auf die Tagesordnung setzen – Ehrenmorde, innerfamiliale Gewalt, Zwangsheiraten, Delinquenz, Arbeitslosigkeit. Und zweitens: Es gibt in den Kreisen der Einwanderer eine intensive Auseinandersetzung um diese Fragen – alltagspraktische Auseinandersetzung um das, wofür der Wert der »Ehre« steht; Versuche seitens der islamischen Gemeinden, der »Straße« – dem Drogenkonsum, der Gewalt, der Delinquenz – etwas aktiv entgegenzusetzen; neue und andere Formen der Identifikation mit dem großstädtischen Raum.

Dies bedeutet zunächst, dass das suggestive Bild der modernisierungsresistenten Verkapselung in eine abgeschlossene Lebenswelt, die durch das Bild der Parallelgesellschaft nahe gelegt wird, nicht trägt. Vielmehr findet man in den Einwandervierteln eine – besonders im Vergleich zu den bürgerlichen deutschen Vierteln – wesentlich ausgeprägtere Heterogenität; man trifft auf Initiativen aus den Moscheegemeinden, die aktiv versuchen, die Partizipationschancen der Gemeindemitglieder an den Schlüsselinstitutionen der Gesellschaft, wie Schule und Arbeitsplatz, zu erhöhen, und man stößt auf das Bedürfnis, bei der Bewältigung nachbarschaftlicher Probleme Koalitionen mit Gruppen aus der Mehrheitsgesellschaft zu finden. Statt auf rigide Grenzen trifft man allerorten auf Brücken und Übergänge. Natürlich ist nicht jeder an Kontakten mit der Mehrheitsgesellschaft oder an Aufstiegschancen in ihr interessiert – ich wage aber zu behaupten, dass so gut wie jeder mit jemandem bekannt ist, der sich in dieser Richtung engagiert.

Diese Beobachtungen werden vor allem diejenigen zufriedenstellen, die der Meinung sind, dass eine Integration in die komplexe spätmoderne Gesellschaft nicht über Werte, sondern über den Markt erfolgt. Die Tatsache, dass aus den Gemeinden Kräfte am Werk sind, die auf den sozialen Aufstieg in der Gesellschaft hinarbeiten, bestätigt eine Grundannahme der wirtschaftsgemeinschaftlichen und der liberal-pluralistischen Überzeugung. Sie werden auch die linken Vertreter einer Kultur der Diversität bestätigen. Diese werden allerdings Zweifel daran anmelden, ob diese Kräfte ausreichen werden, um die Exklusionsdynamiken der Mehrheitsgesellschaft wirkungsvoll zu neutralisieren.

Diese Beobachtungen werden diejenigen unbefriedigt lassen, die sich Sorgen über die Werteintegration in der Gesamtgesellschaft machen. Ein Vertreter dieser Position könnte einräumen, dass mit dem in diesem Buch präsentierten Material in der Tat das Bild der selbstgenügsamen starren Kultur der Einwanderer, die sich gegenüber allen Versuchen des Wandels als resistent erweist, vom Tisch sei. Auf der anderen Seite könnte er darauf verweisen, dass es sich bei den oben beschriebenen Prozessen um Auseinandersetzungen innerhalb der *community* – oder besser innerhalb der *communities* – handelt. Sie sind von dem Wunsch motiviert, in Deutschland zu leben und hier Fuß zu fassen – nicht aber von dem Wunsch, sich einer deutschen Leitkultur anzupassen. Vielmehr wird im Namen eines »reinen Islams« (nicht eines europäischen Islams) gegen unislamische Praktiken argumentiert; oder ein urbanes Verständnis von Ehre gegen ein bäuerliches beziehungsweise proletarisches Verständnis von Ehre gesetzt. Man liebt sein Viertel – aber nur deshalb, weil man dort unter sich ist. All die bisher beschriebenen Aktivitäten lassen sich auch als Versuche charakterisieren, an der kulturellen Differenz festzuhalten. Wird hier nicht – so könnte ein Vertreter der Idee der Leitkultur argumentieren – gewissermaßen eine Sollbruchstelle markiert? Eine Stelle, an der es zu Auseinandersetzungen und Brüchen kommen könnte – etwa dann, wenn eine ökonomische Krise die Lage weiter erschwert? Sind diejenigen, die aus den Gemeinden heraus Sozialarbeit betreiben, im Grunde genommen nichts anderes als ethnische *entrepeneurs*, die ihr soziales Engagement mit politischer Mobilisierung verknüpfen, in Wirklichkeit also politische Sozialarbeit betreiben? In gewissem Sinne könnte dieses Argument an Heitmeyer anknüpfen (von dem der inzwischen freilich völlig anders verwendete Begriff der Parallelgesellschaft ja ursprünglich stammt): Heitmeyer sieht im Gefolge von gesellschaftlicher Ausgrenzung eine Dynamik in Gang gesetzt, die über das Bekenntnis zu kultureller Differenz (»also wir sind anders, und wir wollen auch anders bleiben«)[1] zum Widerstand gegen den Erwerb der Mehrheitssprache, zur Tendenz zu Heiraten in der gleichen Gruppe (vor allem mit Partnern aus dem Heimatland), zu Abgrenzungen von der Mehrheitsgesellschaft und damit letztendlich zur Zementierung sozialer Ungleichheit führt.

Aus dieser Sorge heraus halten insbesondere die Vertreter der Leitkultur daran fest, dass die bloße Verpflichtung der Gesellschaft auf die Verfassung und den Rechtsstaat zu wenig ist, um die Solidarität in der Gesellschaft und die Loyalität mit ihren Institutionen zu gewährleisten. Eine derartige Verpflichtung kann auch rein formal und oberflächlich sein. Damit sie lebendig wird – und tatsächlich trägt – muss man darauf achten, dass die Loyalität nicht nur dem »Buchstaben«, sondern auch dem »Geist« der Verfassung und der Rechtsordnung entsprechen. Nur dann wird sie auch das halten, was man sich von ihr verspricht, nämlich eine Plattform herzustellen, auf deren Grundlage Konflikte dann gelöst werden können – und zwar deshalb, weil sich die Konfliktparteien auf ein größeres Ganzes verständigen können. Gesetze kann man schließlich missbrauchen; man kann ein rein instrumentelles Verhältnis zu ihnen haben usw. Es wird also ein »Mehr« gefordert. Es ist dieses »Mehr«, das mit dem Begriff der Leitkultur gemeint ist: Eine

Demokratie beziehungsweise eine funktionierende Öffentlichkeit braucht einen Fundus an Symbolen, ein Gefühl von kollektiver Identität und Solidarität.

An dieser Stelle allerdings wird die Argumentation brüchig. Es ist nämlich sehr schwierig, dieses »Mehr« genau zu benennen, also zu definieren, was, über den Buchstaben des Gesetzes hinaus, allgemein verbindlich eingefordert werden könnte. Hier haken nun die Kritiker des Leitkulturgedankens regelmäßig ein und verweisen immer wieder (und zwar mit deutlicher Häme) darauf, dass die Vertreter dieser Idee sich offenbar außer Stande sehen, dieses »Mehr« zu füllen. Wenn sie darauf angesprochen würden, würden sie allgemein immer auf eine geschichtlich gewordene Werte- und Grundordnung verweisen – ohne je konkret Ross und Reiter zu nennen: Lederhosen zu tragen und Schweinefleisch zu essen kann es ja wohl nicht sein.

Aber woran liegt es eigentlich, dass es den Vertretern des Gedankens so schwer fällt, hier konkret zu werden? Ich habe den Eindruck, dass dies nicht zuletzt an dem Konzept von Kultur selbst liegt, das der Idee der Leitkultur zu Grunde liegt. Er lässt sich folgendermaßen paraphrasieren: Kultur bezeichnet die gemeinsamen Auffassungen, Überzeugungen, Normen und Werte der Mitglieder einer Gemeinschaft. Derartige Gemeinsamkeiten sind nicht ein historisch zufällig zustande gekommenes Sammelsurium, sondern sie sind aufeinander bezogen, bilden also ein Gefüge, ein System oder eine Struktur. In diesem Gefüge gibt es zentrale Werte oder Überzeugungen, die den »Kern« einer Kultur konstituieren und die zeitlich relativ konstant sind – und es gibt Oberflächenphänomene, »Moden«, die sich zeitlich verändern. Eine Gemeinschaft »hat« eine spezifische Kultur und unterscheidet sich in dieser Hinsicht von anderen; die Grenzen einer Gemeinschaft und der ihr eigenen Kultur sind identisch. Mit einem derartigen Konzept lässt sich auf verschiedenen Ebenen operieren: auf der Ebene von regionalen Kulturen, von nationaler Kultur und von Kulturkreisen. Eine nationale Kultur – wie die deutsche – ist Teil der »westlich«, »christlich geprägten« europäischen Zivilisation, die sich wiederum etwa von der islamischen Welt (aber auch von der Welt der orthodoxen Kirche) unterscheidet. Letztlich geht dieser Kulturbegriff auf Herder zurück.

Das Problematische an diesem Kulturbegriff zeigt sich, wenn man versucht, ihn zu füllen – also ihn, etwa in Bezug auf die »deutsche Kultur«, zu konkretisieren. Was sind eigentlich die geteilten Normen, Werte und Überzeugungen, die den »Kern« unserer politischen Kultur ausmachen? Jedes Mal, wenn man etwas benennt – etwa die Arbeitsethik oder die Ordnungsliebe oder ein starkes Bewusstsein von Verteilungsgerechtigkeit – wird man wesentliche Gruppen in der Gesellschaft bezeichnen können, die diesen spezifischen Wert nicht teilen, die gegen ihn rebellieren oder denen er gleichgültig ist. Und man wird immer starke Gründe gerade für eine gegenteilige Argumentation finden: Sind die deutschen Arbeitnehmer nicht Spitzenreiter, was Urlaubstage betrifft? Sind die deutschen Universitäten nicht die ungeordnetsten und freiheitlichsten in ganz Europa – oder waren es zumindest bis zur letzten Studienreform? An derartigen Fragestellungen liegt es, dass es den Leitkulturvertretern so schwer fällt, die Frage nach der Kultur zu beantworten.

Auf der anderen Hand ist es eine schwer abweisbare Tatsache, dass es »etwas« gibt, was unabweisbar »deutsch« oder auch »türkisch« ist. Jeder Deutsche, der sich im Ausland aufhält, »spürt« doch, dass es etwas unverkennbar »Deutsches« gibt, eine bestimmte Einfärbung, einen charakteristischen Stil, einen besonderen *way of doing things* – nicht selten vermisst er es, manchmal ist er froh, es hinter sich gelassen zu haben. So unabweisbar dies auch sein mag, so schwer ist es, dieses Gefühl dingfest zu machen. Jeder Versuch, die Differenzen zu benennen und das Eigentümliche herauszupräparieren, endet unweigerlich beim Klischee – eben bei so etwas wie Ordnungsliebe und Fleiß. Hier zeigt sich die Tücke des Herder'schen Kulturbegriffs: Es ist zweifellos etwas da, aber es entzieht sich jedem Zugriff. Versucht man es zu benennen, klingt es schon wieder falsch.

Eine solche Sachlage ist ein deutlicher Hinweis darauf, dass man die Begrifflichkeit überdenken sollte. Vielleicht ergeben sich all diese Probleme weniger aus dem Phänomen, als aus der Art und Weise, wie wir es zu fassen versuchen. Kurz: Vielleicht liegt es an unserer Konstruktion von Kultur. Tatsächlich verschwindet das Schimärische sofort, wenn man den Herder'schen Kulturbegriff überschreitet.

Einen Hinweis, wie man das machen kann, gibt Norbert Elias. In seinen wissenschaftstheoretischen Schriften argumentiert er, dass zahlreiche unserer Begriffe – unter anderem »Gesellschaft« (Elias 1970) oder »Zeit« (Elias 1984) – »synthetische Begriffe« sind. Auf einem relativ hohem Verallgemeinerungsniveau werden komplexe Prozesse und Beziehungen zusammengefasst und in Form eines Substantivs »vor-gestellt«. Das, was eigentlich eine Wechselwirkung, ein Prozess oder ein Bedingungszusammenhang ist, erscheint uns in diesem Kürzel wie ein Ding: So resultiert beispielsweise der Eindruck, dass es »die Zeit« gibt, aus einer komplexen Abstraktion von den Prozessen des Synchronisierens, des Abstimmens und des Aneinandermessens verschiedener Abläufe: Erst wenn diese Prozesse des »Zeitigens« normiert werden und bestimmte Abläufe (Pendelschläge etwa) zum Messen anderer Prozesse genommen werden, bekommt man den Eindruck, dass die Zeit einem gegenübertritt, dass man Zeit »hat«, »verliert«, »gewinnt« usw. All dies sind Redeformen, die davon absehen, dass Zeit nichts anderes ist als das In-Beziehung-Setzen von Abläufen. Gegen diese zusammenfassende und verdinglichende Begrifflichkeit ist nichts einzuwenden, solange man sich ihrer bewusst und in der Lage ist, wieder auf die ursprünglichen Prozesse zurückzukommen, die in dem Begriff zusammengefasst sind. Dieser Schritt wird dann unabdingbar, wenn man in Begriffsfallen gerät und beginnt, darüber zu rätseln, was »eigentlich« Zeit ist.

Meine These ist, dass wir es bei »Kultur« mit einem dieser synthetischen Begriffe zu tun haben, wie mit der Zeit. Die verdinglichte Rede von der »Kultur« einer Gruppe verdeckt, dass Kultur im Wesentlichen »gemacht« wird. Und dies gilt natürlich ebenfalls für die Orientierungen, Deutungen, Normen und Werte, die zusammen eine Kultur charakterisieren. Alle diese Begriffe lassen sich in Handlungen und Prozesse auflösen. Werten liegen beispielsweise Prozesse zu Grunde, bei denen man sich mit anderen darüber einigt, was gut oder schlecht ist, Deutungen wiederum beruhen auf Prozessen, bei denen man sich mit anderen darauf einigt, was Sache ist, sind also »soziale Konstruktionen von Wirklichkeit« (Berger/Luckmann 1996). Dabei gibt es unterschiedliche Arten von Prozessen. Drei, allerdings zentrale, Arten mögen hier exemplarisch genannt werden, um den Gedanken zu verdeutlichen.

Der erste Prozess ist die Entfaltung gemeinsamer Normen, Werte und Deutungsmuster im Kommunikationsprozess. Eine präzise Zusammenfassung dieser Position geht auf Everett Hughes zurück: »Überall, wo eine Gruppe von Personen – mehr oder weniger von anderen abgesetzt – sich in einer gemeinsamen Situation befindet, wo sie eine gemeinsame Nische in der Gesellschaft bewohnen, wo sie einige gemeinsame Probleme haben und vielleicht sogar eine Reihe von Feinden, dort entfaltet sich Kultur.« (1961: 28) Ich empfehle meinen Studenten immer, als Beispiel an eine Reisegruppe zu denken: In der kurzen Zeit, in der eine solche Gruppe zusammen ist, entstehen Spitznamen (also Klassifikationen), spielen sich Verhaltensmuster ein, werden bestimmte Rollen verteilt, entstehen Narrative und Witze und bildet sich ein kollektives Gedächtnis – kurzum alles, was eine Kultur *in nuce* ausmacht. Bei einer Reisegruppe zerfällt diese Kultur am Ende der Reise, dann, wenn die Einzelnen wieder in ihren Alltag zurückgehen. Hier wie in anderen Fällen ist die Festigkeit und Verbindlichkeit von der Dauer abhängig, in der eine Gruppe zusammen ist. Dieser erste Prozess entsteht gleichsam naturwüchsig – es spielen sich Werte, Normen, Deutungsmuster ein, und nur in Ausnahmenfällen wird man im Nachhinein noch sagen können wie. Es handelt sich um eine »präreflexive« Form der Weltkonstitution – eine Einigung darauf, was der Fall ist und wie er zu bewerten ist.

Ein zweiter Prozess, der sehr bald auf den ersten folgt, ist die reflexive Rückwendung auf die Normen, Werte und Deutungen, die sich eingespielt haben. Früher oder später werden einzelne Mitglieder einer Gruppe affirmativ oder kritisch zu ihnen Stellung beziehen. Sie werden sie als »großartig« (und eine Überlegenheit gegenüber anderen ableiten) oder als problematisch empfinden. Sobald dies stattfindet, beginnt man, sich bewusst zur eigenen Kultur zu verhalten. Man wird das, was sich eingespielt hat, sichten, daran arbeiten, es pflegen oder verfeinern. Der Prozess wird von dem ursprünglichen Wortsinn von *cultura* – die Pflege – eingefangen. Hand in Hand geht damit einher, dass man beginnt, sich untereinander über Normen, Werte und Interpretationen der Welt auseinanderzusetzen oder gar zu streiten. In dem Moment wird aus der Kultur ein Diskursfeld, eine Arena, in der die Beteiligten weniger Normen, Werte und Überzeugungen teilen, als dass sie sie ständig neu aushandeln. Dieser »symbolische Kampf« findet ebenso häufig implizit wie explizit statt – implizit, wenn sich rebellische Subkulturen herausbilden, die ihren *way of life* von dem des »Establishments« absetzen; explizit in großen Debatten, wie etwa der gegenwärtigen um die Frage europäischer Identität. Wie bei jedem Streit ist auch der Streit um »Kultur« nicht unbedingt durch das Bemühen von Verstehen charakterisiert, sondern genauso oft durch Missverstehen und Aneinander-Vorbeireden, durch Polemik und Manipulation. Aber auch in diesem Prozess entstehen – sozusagen unter der Hand und ohne dass es den Beteiligten bewusst ist – Gemeinsamkeiten: Jeder Streit bezieht sich auf ein *tertium*, um das gestritten wird (dies muss aber nicht der Kern der Frage sein: Genauso oft findet eine Auseinandersetzung auf Nebenschauplätzen statt und um Fragen, die sich leichter symbolisieren lassen). Jede Auseinandersetzung konstituiert ein kulturelles Gedächtnis – man knüpft in der Argumentation an etwas an und sondert damit Erinnerungswertes von Nicht-Erinnerungswertem. Schließlich setzen sich bei Kulturkämpfen – wie bei allen Formen der Auseinandersetzungen – immer wieder Regeln durch, Kriterien also, wie Debatten zu führen sind.

Ein dritter Prozess bezieht sich auf das Verhältnis von Gruppen zueinander. Kultur entfaltet sich, indem sich einige Gruppen voneinander absetzen. Dies bedeutet, dass sie unter Bezug auf die Normen und Werte diejenigen aussuchen, die es am Besten erlauben, die Differenz (und in der Regel die vorgestellte Überlegenheit) zum Anderen zu symbolisieren. Pierre Bourdieu (1982) hat in seinen Untersuchungen zur gesellschaftlichen Distinktion gezeigt, wie praktisch jede kulturelle Äußerung – von der Wahl der Zeitung über den Theaterbesuch bis zur Wahl der Mode – auch dadurch gekennzeichnet ist, dass man sich in der Gesellschaft lokalisiert. Der Wunsch, sich über Kultur von anderen abzugrenzen, ist jedoch nur eine Seite der Medaille; genauso groß ist der Wunsch, sich an anderen zu orientieren, sie zu imitieren und damit die Aspiration auf einen Status anzumelden. Am deutlichsten ist dieses Spiel von Abgrenzung und Imitation auf dem Feld der Mode ausgeprägt – es ist jedoch eine allgemeine Erscheinung. Durch Imitation sowieso, aber auch durch Abgrenzung, bezieht man sich aufeinander: In diesem Prozess werden die Unterschiede immer subtiler, ohne zu verschwinden und oft, ohne dass es die Betroffenen bemerken.

Wenn wir also auf die Prozesse schauen, in denen Deutungsmuster, Normen und Werte entstehen, dann löst sich das oben konstatierte Paradox auf. Selbstverständlich bilden sich in einem Raum wie einem Nationalstaat Gemeinsamkeiten heraus – ein Nationalstaat ist ein kommunikativer Raum; er ist ein Raum, in dem debattiert und gestritten wird und er ist ein sozialer Raum, in dem sich Gruppen aufeinander beziehen und ständig voneinander absetzen. Im Rückblick – aber auch nur im Rückblick – kann man die Gemeinsamkeiten, die sich eingespielt haben, beschreiben. Gleichzeitig sind es temporäre Gemeinsamkeiten, die nicht ein für alle Mal feststehen – und die man auch nicht festschreiben würde oder möchte. Nur um ein Beispiel zu nennen: Es gibt hierzulande ein hohes Bewusstsein von sozialer Gerechtigkeit, das sich regelmäßig artikuliert, wenn Verteilungskämpfe anstehen – und zwar wesentlich lauter und nachdrücklicher als in vielen Nachbarländern. Dieses Empfinden hängt wohl historisch mit der Ausbildung eines rheinischen Kapitalismus zusammen, d.h. eines Kapitalismus, der staatlich eingebunden war (und etwa immer einen starken sozialstaatlichen Zug hatte). Dies ist – wenn man so will – ein Zug der deutschen Kultur, oder mit anderen Worten »typisch deutsch«. Und gleichzeitig würde man doch sehr zögern, es so zu nennen: Zum einen ist es klar, dass dieses Gefühl von ausgeprägter sozialer Gerechtigkeit nicht bei allen Bevölkerungsgruppen gleich intensiv vorhanden ist (Manager z.B. dürften das wesentlich anders sehen als Arbeiter); es ist auch klar, dass dieser Wert nicht ein für alle Mal feststeht, sondern dass er sich drastisch verändern kann (wie zurzeit); und schließlich wird man auch außerhalb Deutschlands Länder finden, wo dieser Wert vorhanden ist – vielleicht noch ausgeprägter als hierzulande (etwa in Skandinavien).

Kann man angesichts eines prozessual verstandenen Kulturbegriffs noch von kulturell integrierten Gesellschaften (beziehungsweise von Prozessen kultureller Desintegration) sprechen? Ich meine ja. Es lohnt sich in diesem Zusammenhang auf die Überlegungen von Ludwig Wittgenstein zum Begriff der Familienähnlichkeiten zurückzugehen. Ausgehend von seinen Überlegungen zu Sprachspielen wirft er eine ganz ähnliche Frage auf: Er fragt nämlich, was allen Spielen – Brettspielen, Kartenspielen, Ballspielen, Kampfspielen usw. gemeinsam ist. Er mustert mögliche Antworten durch – ob Spiele unterhaltend sein müssen, ob Gewinnen und Verlieren konstitutiv ist, ob Geschick und Glück eine Rolle spielen müssen usw. – und kommt zu der Antwort, dass sie zwar nichts miteinander gemeinsam haben, dass sie aber alle miteinander verwandt sind. »Wir sehen ein kompliziertes System von Ähnlichkeiten, die einander übergreifen und kreuzen. Ähnlichkeiten im Großen und Kleinen« (Wittgenstein 1958/1971 PU § 66):

> »Ich kann diese Ähnlichkeiten nicht besser charakterisieren als durch das Wort ›Familienähnlichkeiten‹; denn so übergreifen und kreuzen sich die verschiedenen Ähnlichkeiten, die zwischen den Gliedern einer Familie bestehen: Wuchs, Gesichtszüge, Augenfarbe, Gang, Temperament etc. etc. – Und ich werde sagen: die Spiele bilden eine Familie.« (§ 67)

Bleiben wir kurz bei dem Bild und formalisieren wir es etwas. Stellen wir uns vor, wir haben fünf Familienmitglieder A, B, C, D und E und schreiben die Merkmale auf, die mindestens zwei miteinander teilen:

A	B	C	D	E
Wuchs			Wuchs	
Augenfarbe	Augenfarbe			
Gang	Gang	Gang		
	Temperament	Temperament		Temperament
	Haarfarbe	Haarfarbe	Haarfarbe	Haarfarbe
		Gestik	Gestik	Gestik

Man würde in diesem Fall von Familienähnlichkeiten – und von erkennbarer Verwandtschaft – sprechen, auch wenn kein einziges Merkmal von allen geteilt wäre und auch wenn die beiden Personen, die wir am Ende des Spektrums aufgeführt haben (A und E), kein einziges Merkmal gemeinsam haben. Das Entscheidende ist, dass es *fließende Übergänge* zwischen diesen Positionen gibt. Solange dem so ist, stellt sich der Eindruck von Verwandtschaft her.

Ich bin der Meinung, dass sich dieses Muster auf die Frage der kulturellen Integration übertragen lässt. Eine kulturell integrierte Gesellschaft zeichnet sich nicht dadurch aus, dass alle Sub-, Partikular-, Oppositions-, Jugend-, Großstadt- und Kleinstadtkulturen, die sich in ihr finden, ein gemeinsames Merkmal haben – also einen bestimmten Wert, eine spezifische Einstellung oder eine Haltung teilen. Wichtig ist aber, dass es fließende Übergänge, Überkreuzungen und Überschneidungen gibt. Dann wird sich auch das Gefühl einer »Verwandtschaft« herstellen, oder anders gesagt, ein Gefühl »kultureller Identität«. Umgekehrt hat eine Gesellschaft dann das Problem von kultureller Desorganisation, wenn es keine fließenden Übergänge mehr gibt.

Aber – so könnte nun eingewandt werden – ist dies nicht zu wenig? Benötigen wir nicht Werte, die von allen geteilt werden, um Konflikte zu lösen? Wenn man unterschiedliche Werte vertritt, spricht man doch unterschiedliche Sprachen. Jeder versteht etwas anderes und man redet aneinander vorbei. Die Argumente des einen sind nicht die Argumente des anderen. Man kann sich auf nichts einigen. Eine Gesellschaft zerfällt dann in »ein beziehungsloses Nebeneinander [...] von Kulturghettos«, die sich durch »Wertebeliebigkeit« auszeichnen, wie es Diepgen in einer Debatte im Berliner Abgeordnetenhaus vertrat (Abgeordnetenhaus, Pl 13/47, 25.6.98: 3592). Anders formuliert: Reicht die Vernetzung von Kulturen aus (wie sie im Begriff der Familienähnlichkeit angedacht ist) oder braucht man nicht doch ein solides gemeinsames Fundament, auf dem alle stehen?

Das Argument des soliden Fundaments wirkt auf den ersten Blick bestechend – allerdings hauptsächlich wegen der großen Suggestivkraft des Bildes. Wenn wir die Sache selbst ansehen, dann lassen sich zwei Argumente formulieren. Das erste Argument lautet: Es ist mehr als fraglich, ob ein hoher Wertekonsens tatsächlich Einigungen einfacher macht, beziehungsweise, ob die Bitterkeit und die Intensität von gesellschaftlichen Auseinandersetzungen tatsächlich mit dem Grad an kultureller Distanz zunimmt. Wenn man sich die Fälle näher anschaut, scheint kulturelle Distanz und die Frage von Lösbarkeit/Unlösbarkeit von Konflikten nicht zusammenzuhängen: Während zwischen Personen, die sich relativ fremd zueinander fühlen, Gleichgültigkeit und Distanz Einigungen erlaubt, neigen Personen, die einander von den Wertorientierungen her relativ nahe zueinander stehen, eher zu Unversöhnlichkeit. Der Hass, der in Bürgerkriegen aufbricht, ist legendär. Ebenso sind Auseinandersetzungen zwischen Partei- und Bewegungsflügeln, die sich voneinander abgespalten haben, weit intensiver als zwischen Fremden. Es sind oft die – von außen gesehen – kleinsten Unterschiede, die zur erbittertsten Feindschaft führen. Dies liegt an Phänomenen, die mit Nähe zusammenhängen: Nur Nahestehende können einen »Verrat« begehen, einen enttäuschen, einen »im Stich lassen« usw. Kurz: Kulturelle Nähe beziehungsweise ein hoher Wertekonsens macht Konflikte nicht lösbarer.

Das zweite Argument: Vernetzungen bieten die Chance zu pragmatischen Einigungen. Man braucht dazu keine allen Mitgliedern einer Gesellschaft gemeinsamen Werte, sondern Überschneidungen und Überkreuzungen. Solange der Erste mit dem Zweiten die familialen Werte, der Zweite mit dem Dritten das Gefühl sozialer Gerechtigkeit, der Dritte mit dem Vierten die Wertschätzung der Religion und der Vierte mit dem Ersten wieder die Sorge um die Ökologie teilt, gibt es eine gute Voraussetzung, zu Einigungen zu kommen – und zwar, weil alle über diese verschiedenen Bezüge in einem gemeinsamen Netz eingebettet sind: Die Koalitionspartner, die man für ein gemeinsames Anliegen braucht, stehen in unterschiedlichen Bezügen zu Dritten. Daraus ergibt sich ein mäßigender Einfluss auf den anderen. Man würde ihn ja als Koalitionspartner verlieren, wenn man die anderen Bezüge, in denen er auch steht (und die ihm etwas wert sind), nicht respektiert. Übertragen wir das auf die Situation muslimischer Einwanderer in Deutschland: Ein konservativer islamischer Dachverband wie der Zentralrat der Muslime oder der Islamrat könnte in manchen Kreisen der CDU/CSU Bündnispartner in Bezug auf eine wertkonservative Erziehungs- und Familienpolitik finden; bei der SPD

Partner in Bezug auf Sozialgesetzgebung; bei der FDP Interessengemeinschaften, was Existenzgründungen betrifft, und bei den Grünen Partner im Kampf für doppelte Staatsangehörigkeit oder für eine Antidiskriminierungsgesetzgebung. Zu den Kirchen hätte der gleiche Verband die Gemeinsamkeit als Religionsgemeinschaft (und wäre der Bündnispartner, wenn es z.B. darum geht, gegen Bestrebungen, den Religionsunterricht durch den Ethikunterricht zu ersetzen, anzugehen); mit der jüdischen Gemeinde die Gemeinsamkeit einer Minderheitenreligion (abgesehen einmal von ganz konkreten gemeinsamen Interessen, wie der Versorgung mit ordnungsgemäß geschächtetem Fleisch). Wenn all diese punktuellen Gemeinsamkeiten zum Tragen kommen, dann hat dies einen mäßigenden Einfluss und bindet ein. Auch wenn man in Bezug auf Gegnerschaft zur Homosexuellen-Ehe etwa die Koalition mit der katholischen Kirche suchen wird, wird man gut beraten sein, diese Frage nicht zu verabsolutieren, weil dies dann die Interessenkoalition mit den Grünen gefährden würde. Dies aber ist entscheidend, denn genau dieses Interesse an Mäßigung ist die Voraussetzung für die Akzeptanz der Verregelung von Konflikten – und damit für die Möglichkeit, Konflikte nicht destruktiv, sondern produktiv werden zu lassen.

Damit verschiebt sich die Frage nach dem gesellschaftlichen Zusammenhalt beziehungsweise nach dem gesellschaftlichen Frieden: Wichtig ist nicht die Errichtung eines über die grundsätzliche Bejahung des Rechtssystems hinausgehenden Fundaments gemeinsamer Orientierungen und Überzeugungen, sondern die Herstellung beziehungsweise Pflege eines Netzes von Bezügen. Es macht nichts, wenn die Personen oder Gruppen einer Gesellschaft auch in Grundsatzfragen, wie Erziehung oder Familienordnung, unterschiedliche Überzeugungen vertreten – solange sie nur eingebunden sind, beziehungsweise Teil einer »Netzwerkkultur« sind. Solange dies gegeben ist, existiert soziale Berechenbarkeit: Dies ist die Voraussetzung für die Entfaltung einer Kultur des Vertrauens und damit für Koalitionen, Kooperationen und geregelte Austragung von Konflikten. Und diese bietet wiederum die Chance für das Wachstum von mehr Gemeinsamkeiten, dafür also, dass das Netz engmaschiger und seine Fäden stärker und belastungsfähiger werden.

Anmerkung

1 SÜDWESTRUNDFUNK SWR2 Wissen: »Wir bleiben lieber unter uns«, Parallelgesellschaften in Deutschland. Autorin: Susanne Babila, Freitag, 3. September 2004, Archiv-Nr.: 051-7554.

6. Für eine kluge Politik der Differenz

Kultur ist wichtig für den gesellschaftlichen Zusammenhalt. Sie ist es aber auf andere Weise und in anderer Hinsicht als es gemeinhin von den Politikern gesehen wird, die die Notwendigkeit einer Wertegemeinschaft beschwören. Was für den gesellschaftlichen Zusammenhalt, jenseits von der Zustimmung zu den Prinzipien der Verfassung und des Rechtsstaats notwendig ist, ist nicht ein Fundament an gemeinsamen Orientierungen und Überzeugungen, sondern die Existenz kultureller Überlappungen und Überschneidungen. Die Voraussetzungen dafür sind die Existenz kommunikativer Netzwerke: Über sie werden die Mitglieder einer Gesellschaft kulturell eingebunden. Dies bedeutet, dass ein kultureller Fluss stattfinden kann: Die Überzeugungen, Deutungen, Normen und Werte, die in einem Bereich entwickelt werden, dringen, oft unmerklich, in andere Bereiche mit ein. Sie werden aufgegriffen und übersetzt. In diesem Prozess entfalten sich ständig neue Gemeinsamkeiten, die aber niemals flächendeckend sind. Umgekehrt führen Grenzziehungen, Einschränkungen von Kontakten und die Verweigerung von Zusammenarbeit zu kulturellen Abschließungs- und Abschottungsprozessen.

Eine Politik, der an gesellschaftlichem Zusammenhalt liegt, wird deshalb einen offenen Austausch mit allen Gruppierungen anstreben, die innerhalb der Gesetzesordnung agieren und sie darüber kommunikativ einbinden. Dies ist besonders in Hinblick auf konservative islamische Gemeinden alles andere als selbstverständlich: Hier dominiert eine generelle Politik des Misstrauens und der Meidung. Ich bin der Meinung, dass die Gesellschaft damit eine große Chance verspielt. Sie besteht zunächst darin, dass man diese Gemeinden über Dialoge, Koalitionen und Kooperationen mit ins Boot holen kann, um die nun tatsächlich brennenden Probleme in den Einwanderervierteln (Jugendgewalt, familiale Probleme, Schulversagen, Drogenkonsum) anzugehen und zu bewältigen. Dieser Vorschlag wird oft mit dem Argument abgewehrt, dass man diesen Gemeinden kein öffentliches Forum bieten will. Sie würden damit nur als Sprecher der Migranten akzeptiert und ihre Stellung in den Einwanderergemeinden darüber gestärkt. Die integrationsbereiten Kreise müssten erst einmal ihre »Hausaufgaben« machen – sprich ihre Beziehungen zu den segregationsorientierten Kreisen kappen – bevor man mit ihnen zusammenarbeiten werde.

Die Kritiker übersehen die Dynamik, die durch eine Kooperation in den Gemeinden ausgelöst wird. Sie besteht darin, dass die Moschee in die Gesellschaft und die Gesellschaft in die Moschee kommt. Jede Kooperation zur Lösung praktischer Probleme stärkt den integrationsorientierten Flügel in den Gemeinden, der auf Zusammenarbeit mit der Mehrheitsgesellschaft setzt – und sie schwächt den segregationsorientierten Flügel, der durch Abschottung die Reinheit der Lehre zu bewahren sucht. Vor allem ist sie irritierend für einen islamistischen Flügel, der die Position vertritt, dass der Islam ohnehin nur in einer muslimischen Gesellschaft gelebt werden kann. Im Interesse des gesellschaftlichen Zusammenhalts wäre es auch wenig wünschenswert, wenn die integrationsbereiten Kreise sich abspalten würden. Dies würde nur eine größere Abkapselung der dann verbliebenen konservativen, traditionalistischen oder islamistischen Kreise zur Folge haben, die das Wort von der Parallelgesellschaft so deutlich beschreibt. Generell gilt: Je höher der Grad an Zusammenarbeit, desto größer wird die Zahl der Personen, die sich aus der Gemeinde in diesen Kontexten engagieren; desto größer wird ihr Gewicht in der Gesamtgemeinde; desto durchlässiger und offener wird die Gemeinde. Generell gilt ebenfalls: Je mehr Zeit und Energie der Einzelne in die Kooperation mit Instanzen und Institutionen der Mehrheitsgesellschaft investiert, desto wertvoller werden diese Kontakte für ihn und desto mehr wird er sich für das Aufrechterhalten dieser Kontakte in der eigenen Gemeinde einsetzen.

Eine zweite Konsequenz ergibt sich daraus: Eine Politik der Einbindung nutzt das Potenzial von pluralen kulturellen Zugehörigkeiten und Loyalitäten bei der Gruppe der »anderen Deutschen« (Mecheril 2003) und vermeidet Eindeutigkeitszwänge. Wir sind dieser Gruppe in dieser Studie immer wieder begegnet: Als »progressivem Flügel« in der Familie Kaynar, als Trägerinnen der Familien- und Erziehungsberatung in den Gemeinden der *Milli Görüş* und als Initiatorinnen der »Drogendealer haut ab«-Aktion. Diese Generation hat starke Bindungen an Deutschland (vor allem, wie wir gesehen haben, zur Stadt, in der sie lebt) und gleichzeitig zur Einwanderergemeinde. Und sie betont gleichzeitig ihr »Anders-Sein« zu beiden Bereichen. Diese Gruppe hat eine wichtige Brückenfunktion.

Diese Funktion ist vor allem deshalb interessant, weil diese Gruppe auf eine bezeichnende Weise für das kreative Potenzial der Integration heterogener kultureller Welten steht. Ihre Welt lässt sich mit Homi Bhabha als »dritter Raum« bezeichnen – als Raum, der weder deutsch noch türkisch (arabisch, russisch) usw. ist, beziehungsweise der beides gleichzeitig ist. Es gibt keinen Grund dazu, diesen dritten Raum romantisch zu verklären. Er zeichnet sich durch die Erfahrung von lebensgeschichtlichen Brüchen, durch das Manövrieren zwischen Lebenswelten, die sich feindlich gegenüberstehen, sowie durch die Konfrontation mit Zuschreibungsprozessen aller Art aus. Dies bedeutet häufig eine Überforderung. Es gibt jedoch auch Chancen, die mit dem Leben in diesem Raum verbunden sind. Sie sind dann gegeben, wenn die schwierigen Situationen auf die eine oder die andere Weise produktiv bewältigt werden. Dann entfalten sich Kulturen der Übersetzungen, der Collage, der Heterogenität, des Ex-zentrischen, die in kritischer Distanz sowohl zur Mehrheitsgesellschaft als auch zu den herkömmlichen Einwanderergemeinden stehen.[1] Es sind von ihrem Wesen her Oppositions- und Gegenkulturen: Sie stehen damit von selbst nicht für das Festschreiben, sondern für die Entwicklung. Ihre Ausdrucksformen reichen von der Hiphop-Kultur, in der ein kultureller Ausdruck für gesellschaftliche Machtverhältnisse und rassistische Ausgrenzung gesucht wird, bis hin zu neokonservativen Kopftuchträgerinnen, die in ihren Gemeinden für die Rechte der Muslimas kämpfen. Die Vertreter dieser Kreise sind also alles andere als klassische Sprecher einer Einwanderergesellschaft.

Man wird tragfähige Koalitionen, Kooperationen und Dialoge nur zustande bringen, wenn man diese Gruppe als gesellschaftlichen Partner akzeptiert. Dies bedeutet, dass man mit ihnen auf gleicher Augenhöhe verkehrt. Das bedeutet aber auch, dass man sie nicht funktionalisiert: Ebenso wie man diese Gruppe als Partner gewinnen kann, um Probleme in den Einwanderergemeinden anzugehen, muss man seinerseits auch als Partner zur Verfügung stehen, um Probleme in der Mehrheitsgesellschaft anzugehen. Dies bedeutet vor allem, den Kampf gegen Rassismus, Islamophobie und Ausgrenzung mit zu unterstützen. Die Möglichkeit, dies als gemeinsames Projekt zu definieren, liegt auf der Hand: Wie die Studie von Brettfeld und Wetzels gezeigt hat, sind junge Muslime und einheimische Nicht-Muslime in »vergleichbarem Maße autoritaristisch-demokratiedistant« (und zwar je ca. 14 % der Jugendlichen) (Brettfeld/Wetzels 2007: 495). Die Einstellungsmuster der jungen Muslime weisen große Ähnlichkeiten mit dem auf, »was unter deutschen Jugendlichen und Erwachsenen mit den Begriffen Autoritarismus, Intoleranz und Fremdenfeindlichkeit sowie Rechtsextremismus umschrieben wird« (ebd. 500). Es wäre eine gesunde Basis für Kooperation etwa von Muslimen und Nicht-Muslimen, wenn man anerkennen würde, dass man ein gemeinsames Problem mit demokratiefeindlichen Einstellungen von Jugendlichen hat und dies gemeinsam angehen möchte.

Eine Partnerschaft mit den Kindern oder Enkeln von Einwanderern verlangt auch eine gewisse Offenheit für Differenz. Damit meine ich die Fähigkeit, den anderen in seinen kulturellen Dilemmata zu sehen und zu respektieren (was gerade nicht kulturelle Eigenheiten meint). Vor kulturellen Dilemmata steht im Prinzip jeder – nicht nur der Einwanderer. Sie resultieren aus der Tatsache, dass man durch die Zufälligkeiten seiner kulturellen Herkunft, also durch Elternhaus, Gemeinde, *peer group* und Schule geprägt wurde. Man ist das, was man in diesen sozialisatorischen Bezügen geworden ist. Und gleichzeitig kann man nicht auf diesen Hintergrund festgelegt werden (und es ist verletzend, wenn man darauf festgelegt wird), weil man das, was man geworden ist, natürlich immer überschreitet – also die kulturell vermittelten Einstellungen, Überzeugungen und Werte ständig weiterentwickelt. Die Frage der Identität bezeichnet nichts anderes als den Balanceakt, der aus der Notwendigkeit, sich selbst treu zu bleiben (also eine Kontinuität herzustellen), und dem Bedürfnis, sich selbst zu verwirklichen (also sich gerade nicht auf seinen Hintergrund festzulegen), resultiert. Bei Migranten ist dieses Dilemma ausgeprägter als bei Nicht-Migranten – und zwar weil sie diesen Prozess nicht am Heimatort, sondern in der Fremde durchleben. Der Migrant möchte sich durch die Abwanderung in ein anderes Land verwirklichen, in dem gerade nicht die Regeln gelten, mit denen er aufgewachsen ist. Wenn er Erfolg haben will, muss er sich diesen Regeln mehr oder weniger unterwerfen. Gerade dies lässt das Problem, sich treu zu bleiben, verschärft auftreten. In diesem Prozess droht nämlich das Geworden-Sein völlig unwichtig zu werden, in den Hintergrund zu treten und zu verschwinden. Dies ist bedrohlich für Gefühle von Kontinuität und dem, was im englischen *grounding* genannt wird – ein Gefühl der Erdung oder der Verankerung, das entscheidend für das Wirklichkeitsgefühl ist. Die Frage »Wer bin ich eigentlich?« stellt sich damit im Immigrationsprozess immer wieder. Die damit verbundenen Ängste wurden hervorragend von Zadie Smith in ihrem Roman *White Teeth* zusammengefasst:

»Der Immigrant muss über die Ängste des Nationalisten lachen, der sich vor Infektion, Penetration oder Vermischung fürchtet, weil dies alles Kleinigkeiten, peanuts sind, im Vergleich zu dem was der Einwanderer fürchtet – nämlich Auflösung, *Verschwinden.*« (2000: 327)

Das – so Smith – ist gleichzeitig das irrationalste und das natürlichste Gefühl der Welt. Es ist der Hintergrund für den weit verbreiteten Migrantentraditionalismus – den Versuch festzuhalten und festzuschreiben. Überall in der Welt tendieren Migrantenpopulationen dazu, konservativer zu sein als die Bevölkerungen in den Ursprungsländern – die Deutschen in Südamerika oder Australien nicht anders als die Türken in Deutschland. Dieses Festhalten einer ersten Generation an bestimmten kulturellen Ausdrucksformen darf nicht über die Anpassungsleistungen hinwegtäuschen, die sie erbringen. Es bedeutet aber auch, dass sich dieses Problem nicht von selbst erledigt, sondern über die Generationen weitergetragen wird.

Beide Seiten – der Aufstiegswunsch und der Wunsch, man selbst zu bleiben – bilden ein Kräfteparallelogramm. Sie charakterisieren das Leben des Migranten als ständige Kompromissbildung: Einerseits geht es darum, für sich und die Kinder die Zukunft zu sichern, sie zu qualifizieren, ihnen die bestmögliche Ausbildung oder die bestmöglichen Karrieremöglichkeiten zu eröffnen, und andererseits geht es darum, nicht verloren zu gehen. Dabei gibt es das Wissen um das Dilemma, dass beides in Spannung zueinander steht. Eine radikale Option für Differenz geht auf Kosten von Partizipation und umgekehrt. Das Material, das in diesem Buch dargestellt wurde, zeigt die vielfältigen Formen, wie Kompromisse gefunden werden können.

Die Anerkennung, die Migranten für sich wünschen, bezieht sich weniger auf die Herkunftskultur an sich – sondern auf die Anerkennung dieses Dilemmas und der Handlungsschwierigkeiten, die daraus resultieren. Anerkennung bedeutet, dass man hofft, dass einem bei einem schwierigen Balanceakt nicht noch weitere Steine in den Weg gelegt werden. Sie bedeutet ebenfalls, dass man die Probleme, die aus diesem Konflikt resultieren, einbringen und zur Sprache bringen kann (etwa in der Schule), dass sie also nicht von vorneherein als illegitim gewertet werden. Anerkennung bedeutet auch, dass man sieht, wie der Migrant nach positiven Lösungen für ein Problem sucht, das manchmal der Quadratur des Zirkels entspricht. Es bedeutet letztlich, den anderen insofern ernst zu nehmen, als man ihm zunächst redliches Bemühen unterstellt – und ihm den Raum einräumt, der dazu nötig ist.

Am einfachsten und schnellsten ergeben sich Lösungen, wenn man als Migrant das Gefühl haben kann, dass die Herkunftskultur prinzipiell wertgeschätzt wird. Dies bedeutet nicht die Erwartung einer unkritischen Affirmation. Es macht aber einen zentralen Unterschied, ob man die eigene Herkunft *prinzipiell* positiv bewertet findet (eine Erfahrung, die Einwanderer aus dem Norden und dem Westen machen) oder ob sie *prinzipiell* als problematisch eingeschätzt wird (eine Erfahrung, die

Einwanderer aus dem Osten oder dem Süden machen, besonders dann, wenn sie aus muslimischen Ländern stammen). Die einen können damit rechnen, dass ihre kulturellen Dilemmata (etwa in Bezug auf Pflege der Muttersprache) auf ein offenes Ohr stoßen; die anderen können davon ausgehen, dass sie auf Unverständnis stoßen. Auch eine Kritik an der einen oder anderen kulturellen Praxis wirkt anders und bedeutet etwas anderes, wenn sie auf dem Hintergrund einer prinzipiellen Bejahung oder Verneinung erfolgt. Dieser Hintergrund beeinflusst wesentlich, wie man mit der Kritik umgeht – ob man sie annehmen kann (weil sie solidarisch ist, sich aus dem Wunsch speist, ein im Prinzip positives Phänomen noch positiver zu machen) oder sie empört zurückweist (weil sie nur einen weiteren Mosaikstein in einer ohnehin durch Ablehnung charakterisierten Haltung darstellt). Wenn man auf Seiten der Mehrheitsgesellschaft eine positive Voreingenommenheit gegenüber der eigenen Herkunft findet, dann ist es wesentlich einfacher, das Migrationsdilemma kreativ und flexibel zu bewältigen, als wenn dies nicht der Fall ist. Dann sind eher Tendenzen zu Verteidigungshaltung, Lagerbildung, Grenzziehung und Verhärtung zu beobachten.

Nicht selten habe ich den Eindruck, dass es für die kulturelle Dynamik am Besten wäre, wenn die Mehrheitsgesellschaft, die in den Einwanderergemeinden stattfindenden kulturellen Auseinandersetzungen zwar mit neugierigem Interesse verfolgte, es aber vermiede, sich einzumischen. Zielvorgaben – etwa, was die Entwicklung eines Euro-Islam betrifft – von außen zu definieren, hat immer auch etwas mit Anmaßung zu tun. Eine derartige Zurückhaltung hieße im Übrigen nichts anderes, als mit muslimischen Gemeinden genau so umzugehen wie mit der jüdischen Gemeinde oder der katholischen Kirche. Gerade diese Definitionsversuche von außen haben wesentlich dazu beigetragen, die Kräfte, die nach Neuinterpretationen des islamischen Rechtes suchen, innerhalb der Gemeinden zu schwächen. Allzu leicht wird es für Gegner solcher Entwicklungen, die Positionen als Unterwerfung an die Mehrheitsgesellschaft und damit als Ausverkauf des Eigenen hinzustellen.

Nicht weniger problematisch sind Kämpfe um kulturelle Symbole – also etwa die Auseinandersetzungen um das Kopftuch. Sie führen leicht zu unnötigen Verhärtungen. Der Punkt bei symbolischen Kämpfen ist, dass sie sich an kulturellen Ausdrucksformen festmachen. Das Argument ist jeweils, dass sie für bestimmte Inhalte stehen – das Kopftuch etwa für eingeschränkte Rechte der Frauen und für ein Bekenntnis zum politischen Islam. Das Problem ist, dass Symbole in ihrem Wesen vieldeutig sind. Im Fall des Kopftuchs kann man argumentieren, dass es zweifellos für das Bekenntnis zum Islamismus und für ein sehr konservatives Familienbild stehen *kann* – dass es aber weit vielfältiger besetzt ist: Es kann *auch* für eine religiös-systematische Lebensführung stehen, für eine Kritik an der westlichen Sexualmoral (insbesondere an der Vermarktung des weiblichen Körpers); es kann den oben angeführten Wunsch ausdrücken, es den Eltern »Recht zu machen«; es kann eine Form des *outing* sein, mit dem man sich zu einer diskriminierten Religion bekennt; und es kann ein Weg sein, sich als Muslima Bewegungsfreiheit zu schaffen. Gerade die Vielschichtigkeit des Symbols macht es aber denkbar ungeeignet für die Lösung der Sachfragen, die mit der Unterdrückung der Frau oder mit dem Islamismus verbunden sind. Gerade weil das Kopftuch auch andere Aspekte ausdrückt, wird sein Verbot als diskriminierend empfunden – es trifft eben auch die, die das Kopftuch aus ganz anderen Gründen anlegen. Sie kann deshalb auch als Ablehnung des Islams, zumindest seiner wertekonservativen Ausrichtung verstanden werden.

Vor allem trifft es religiöse Frauen, die sich in der Gesellschaft beruflich engagieren wollen, d.h. diejenigen, denen daran gelegen ist, der Begrenzung des Handlungsradius der muslimischen Frau auf die Familie etwas entgegenzusetzen – sprich diejenigen, die sich von der klassischen Rolle der Frau in der islamischen Welt emanzipieren wollen. Gerade sie werden auf Haus und Herd zurückgeworfen. Mit anderen Worten, Personen, die, etwa als muslimische Lehrerinnen, eine potenzielle Brückenfunktion in konservative islamische Familien hin hätten ausüben können, werden systematisch von ihrem Beruf ferngehalten.

All dies hat nicht zuletzt nicht-intendierte Konsequenzen. Es gibt inzwischen nicht wenige Frauen, die auf ihre Gemeinden Druck ausüben, eigene pädagogische Einrichtungen zu etablieren, um dort arbeiten zu können. Gemeinden, wie die IGMG, kommen damit in die schwierige Lage, entweder ihre bisherige Politik, keine eigenen muslimischen Einrichtungen zu schaffen, aufzugeben, oder die Frauen der Gemeinde in einem zentralen Anliegen zu enttäuschen. Letzteres wäre dann in der Tat ein weiterer Schritt der Segregation.

Besonders kritisch ist es, wenn in einem weiteren Schritt die Herkunftskultur als Erklärung für alle möglichen sozioökonomischen Probleme namhaft gemacht wird.[2] Die weitreichende Folge, die eine derartige »Kulturalisierung« von Problemen hat, wurde mir insbesondere aus einer Untersuchung deutlich, die Gerdien Jonker im Rahmen eines an der Europa-Universität Viadrina in Frankfurt/Oder angesiedelten Projekts an einer Schule in Schöneberg machte (Jonker 2006b: 16). Der Ausgangspunkt der Gespräche mit Lehrern und Eltern waren die üblichen Probleme einer Schule im sozialen Brennpunkt – ein sehr hoher Anteil nicht-deutscher Kinder (wobei sich in manchen Klassen bis zu zehn Nationen wieder fanden); niedriges Leistungsniveau und Gewalt. Die Lehrer tendierten dazu, die Probleme auf »den Islam« beziehungsweise »die muslimischen Schüler« oder die »muslimischen Elternhäuser« zurückzuführen. Diese Problembeschreibung unterschied sich wesentlich von derjenigen, mit der wir bei ähnlichen Untersuchungen Mitte der Neunziger in einer Neuköllner Gesamtschule konfrontiert wurden (Schiffauer et al. 2002). Seinerzeit waren ähnlich gelagerte Probleme noch als »Ausländerprobleme« codiert worden; eine Codierung, die ihrerseits schon die Anfang der achtziger Jahre übliche Interpretation der gleichen Phänomene als Arbeiterprobleme verdrängt hatte. Was heute mit Kultur erklärt wird, wurde vor zehn Jahren also mit Migration und vor 30 Jahren mit sozialer Lage erklärt.

Bezeichnend war nun die Gesprächsdynamik, die durch diese Problemdefinition in Gang gesetzt wurde. Mit der Rückführung der Probleme auf den Islam wurde fast von selbst die Wertefrage in das Zentrum der Auseinandersetzung gerückt. Die Folge war eine Polarisierung von Lehrern und Eltern. Die Eltern hatten das Gefühl einer narzisstischen Kränkung – und zwar bemerkenswerterweise auch solche Eltern, die säkular sind (»Ich bin zwar nicht religiös, aber man beleidigt meine Religion«). Die Lehrer hatten umgekehrt das Gefühl, mit einer religiös bedingten Rückzugs- und Verweigerungshaltung konfrontiert zu werden. »In der Wahrnehmung der Eltern verschmelzen die Lehrer mit der ›deutschen Gesellschaft‹ und ›dem Westen‹; in der Wahrnehmung der Lehrer verschmelzen die Eltern mit ›Ausländern‹ und ›Muslimen‹.« (Jonker 2006) In diesem Zusammenhang wurden dann schnell religiös motivierte Haltungen, wie eine zunehmende Zahl von Befreiungen vom Sportunterricht oder von Klassenfahrten, zum Symbol für die Misere insgesamt. Dies steigerte bei den Eltern das Gefühl, in die Ecke gestellt zu werden. Die Konfrontation verhinderte nicht nur die Identifikation des eigentlichen Problems, sondern brachte das Gespräch fast zum Scheitern. Es war nur dem Geschick der Gesprächsleitung zu verdanken, dass der Faden nicht abriss und im Laufe der Zeit die zentrale Frage herausgeschält werden konnte: Die auffälligste Gruppe bestand aus Kindern, deren Familien aus palästinensischen Flüchtlingslagern im Libanon stammten. Diese Familien haben als Asylbewerber nur den ungesicherten Aufenthaltsstatus der Duldung. Dies bedeutete zunächst die Unmöglichkeit der Arbeitsaufnahme durch die Eltern. Die erzwungene Arbeitslosigkeit führte zu den Problemen, die aus der Soziologie der Arbeitslosigkeit gut bekannt sind: eine depressive Grundatmosphäre in der Familie; ein Zerfall der Zeitperspektiven; eine grundlegende Rollenverunsicherung vor allem bei den Männern; kompensatorische Gewalt in der Familie. Ebenso problematisch ist der Duldungsstatus in Bezug auf die Zukunftsperspektive der Schüler: Auf Grund der ständigen Möglichkeit, abgeschoben zu werden, war die Möglichkeit, einen Ausbildungsplatz zu finden, von vorneherein so gut wie ausgeschlossen. »Es sind Kinder ohne Träume«, fasst ein Gesprächsteilnehmer das Problem zusammen. Es war überwiegend auf diese weitgehend perspektivlose Gruppe zurückzuführen, dass die Situation in der Schule in den letzten Jahren schwieriger geworden war.[3]

Die Beschreibung des Problems als Kultur- beziehungsweise Wertekonflikt verhinderte jedoch nicht nur die eigentliche Definition des Problems, sie erschwerte auch den pragmatischen Umgang damit. Sie führte bei den Lehrern zu einer wachsenden Tendenz, Grenzen zu ziehen (»Dies ist eine deutsche Schule«), was eine gewisse Inflexibilität zur Folge hatte. So wurde etwa der Vorschlag, Einladungen zu Elternabenden auch auf Arabisch zu verschicken, abgeblockt. Ebenso wichtig war, dass sich gesprächsbereite türkische und arabische Mittelschichtseltern, die eine wichtige Brückenfunktion zu den Problemfamilien hätten bilden können, zurückzogen, weil sie sich verletzenden Zuschreibungen ausgesetzt sahen. Es gab eine eindeutige Tendenz zur Lagerbildung, die selbst wieder leicht in einen Teufelskreis mündet, der aus Nicht-Kommunikation, wachsender Entfremdung und wieder wachsenden Problemen besteht.

Die Geschichte ist fast wie eine Lehrbuchgeschichte für den Umgang mit Differenz, wie er in der deutschen Gesellschaft zurzeit zunimmt. Der Wunsch der deutschen Lehrer mit der Emphase »dies ist eine deutsche Schule« eine Plattform herzustellen oder vielmehr durchzusetzen, führte zur Distanzierung und Abwehr bei den Migranten der zweiten Generation, die als Mittler in Frage gekommen wären. Anstatt die Kompetenz der »anderen Deutschen« zu nutzen, wurden sie verprellt. An die Stelle der Suche nach Lösungen für das eigentliche Problem – katastrophale schulische Leistungen und schulische Gewalt – trat die Auseinandersetzung über Symbole – Kopftuch, Klassenfahrten usw.

Anmerkungen

1 Das klassische Beispiel für das Potenzial, das in dieser Kultur des Mischens heterogener Elemente liegt, ist der Jazz.

2 Die damit verbundene narzisstische Kränkung wurde mir persönlich deutlich, als ich in der Türkei mit der Aussage konfrontiert wurde, dass der familiale Zerfall, die Drogenprobleme, die Kriminalitätsraten in Europa die Folge der »westlichen Kultur« sind. Ohne die Existenz dieser Probleme leugnen zu wollen, fand ich die Zurückführung auf Kultur nicht nur falsch, sondern auch beleidigend: Es bedeutete eine Abwertung des Hintergrundes, durch den ich geworden war, was ich bin. Derartige Kränkungen wurden nicht zuletzt dadurch verstärkt, dass meine türkischen Gesprächs-

partner sich sozusagen autoritativ über die westliche Kultur äußerten und eine Art Definitionsmacht beanspruchten. Nichts anderes geschieht, wenn der Islam für schulische Probleme oder gesellschaftliche Gewalt verantwortlich gemacht wird.

3 Eine hervorragende Zusammenfassung der rechtlichen Situation von Bürgerkriegsflüchtlingen bietet die Studie von Genge und Juretzka (2006).

7. Schluss: Und die Leitkultur?

Kehren wir zum Schluss noch einmal zum Gedanken der Leitkultur zurück. Der Idee liegt ein nachvollziehbarer Gedanke zu Grunde: Unsere Verfassung und unser Rechtssystem sind vor einem bestimmten kulturellen und religiösen Hintergrund entstanden. Auch wenn sie sich von diesem Hintergrund gelöst und sich sozusagen universalisiert haben, wird doch die Entstehungsgeschichte noch mitgetragen – sie drückt sich aus in einem bestimmten Verständnis von Werten wie Gleichheit oder Freiheit. Jemand, der nun von außen kommt, mag diese Werte in den Mund nehmen – aber kann man ausschließen, dass er sie nicht ganz anders konnotiert, als – aber da wird es bereits schwierig – der deutsche Bildungsbürger, der Brandenburger Skinhead, der deutsche Manager in einem globalen Unternehmen? Dennoch: Es ist nicht unplausibel, dass ein muslimischer Einwanderer nicht doch noch ganz andere Assoziationen herstellt als die Angehörigen der drei genannten Gruppen – vor allem dann, wenn er sich zu einem konservativen Islam bekennt. Deshalb, so die Vertreter des Gedankens der Leitkultur, muss man sie zu einem Verständnis der Werte der Verfassung heranführen, das dem »unseren« entspricht. Das »bloße Bekenntnis zur Verfassung« reicht deshalb nicht. Es könnte ja rein formal und oberflächlich sein.

Der Gedanke, dass jemand mit einem anderen Hintergrund die Normen und Werte der Verfassung anders konnotiert, ist nicht auszuschließen. Zumindest kann die Spannbreite der Interpretationen noch einmal größer werden. Die Frage ist aber: Welche Schlussfolgerungen sollte man aus diesem Sachverhalt ziehen? Meine Argumentation auf den vergangenen Seiten lässt sich dahingehend zusammenfassen: Durch die Suche von Kooperationen, Koalitionen, durch das Zugestehen von Freiräumen, durch Anerkennung in Partnerschaften entwickelt sich kulturelle Gemeinsamkeit – man beginnt, zunehmend Begriffe wie »Gleichheit« und »Freiheit« ähnlich zu verwenden, ohne dass es jemals zu einer Verschmelzung kommen würde (die ja auch gar nicht wünschenswert wäre). Auf diesem Boden kann Loyalität und Identifikation mit der Einwanderergesellschaft entstehen und zunehmen. In diesem Prozess »wächst man zusammen« – es entfaltet sich persönliche Nähe, aber auch Nähe auf Grund geteilter Überzeugungen und Werte.

Das zentrale Problem der Leitkulturtheoretiker ist, dass sie diesen Prozess des Zusammenwachsens erzwingen wollen. Dies mag aus der Sorge um den sozialen Zusammenhalt gespeist sein – es ist jedoch zu befürchten, dass er sich eher kontraproduktiv auswirkt.

Zunächst verprellt die Insistenz auf eine Leitkultur gerade die wichtigsten Personengruppen, die eine Brückenfunktion wahrnehmen könnten, nämlich die Mitglieder der zweiten und dritten Generation. Mit der Forderung nach Leitkultur und dem damit einhergehenden Bekenntnis zu gewachsenen Normen und Werten wird eine Eindeutigkeit abverlangt, die für die Phänomene, die sich im Zwischenraum von Familie, muslimischer Gemeinde und deutscher Gesellschaft entfaltet haben, keinen Raum lässt. Das geforderte »Entweder-oder« wertet das »Sowohl-als-auch« ab, das den dritten Raum charakterisiert. Gerade die schulisch Bestintegrierten sehen ihre Bemühungen, nach beiden Seiten hin anschlussfähig zu sein, entwertet, weil es, vom Standpunkt eines homogenen Kulturverständnisses aus, »nicht genug« ist, »nicht ausreichend« ist. Wir haben gerade in dem Kapitel zu großstädtischen Identifikationen gesehen, wie derartige Forderungen zu wachsender Distanz führen – und wie andererseits das Gewähren von Freiräumen Nähe produzieren kann.

Hinzu kommt die Asymmetrie, die im Begriff der Leitkultur impliziert ist. Mit ihm wird die Anpassung an die Mehrheitsgesellschaft und die Distanzierung von der Herkunftskultur positiv bewertet (wobei in einer gewissen mechanistischen Denkweise so getan wird, als handele es sich um ein Nullsummenspiel – so dass dem »Mehr« auf der einen Seite immer ein Weniger auf der anderen Seite korrespondiert). Die damit verbundene Entwertung der Herkunft stößt auch diejenigen vor den Kopf, die sich durchaus kritisch mit der Herkunftskultur auseinandersetzen. Sie wird dabei den oben beschriebenen Balanceakten nicht gerecht. Es wird leicht übersehen, dass »Kultur« – also »Islam« oder »türkische Kultur« nicht nur für den kognitiven Komplex, also die Inhalte von Normen und Werten steht, sondern für den ganzen Assoziationskontext, der mit dem Begriff der (geistigen) »Heimat« benannt und eingefangen wird: Er steht für die Eltern und Großeltern, die diese »Kultur« vertreten und weitergegeben haben – und damit auch für die Zeit, in der dies am nachdrücklichsten geschehen ist, nämlich die Kindheit. Hinzu tritt, dass der Gedanke der Leitkultur nur gegenüber Einwanderern aus dem Süden und Osten betont wird – und hier am deutlichsten gegenüber Migranten mit muslimischem Hintergrund. Ob gewollt oder nicht: Der Gedanke der Leitkultur trägt den Gedanken mit sich, dass Muslime unerwünscht sind beziehungsweise, dass der Islam keine Bereicherung dieser Gesellschaft darstellt. Genau dies aber ist die denkbar schlechteste Voraussetzung für das Wachsen innerer Bindungen, an deren Herstellung den Leitkulturtheoretikern so viel liegt.

Ein drittes – aber nicht das geringste – Problem des Leitkulturgedankens ist, dass er aus systematischen Gründen nicht gefüllt werden kann. Das – über ein Bekenntnis zum Rechtsstaat und zu den Prinzipien der Verfassung hinausgehende – »Mehr« kann, wie wir oben gesehen haben, nicht positiv benannt werden. So bleibt es bei einem Negativkatalog von kulturellen Symbolen: Kopftuch, Minarett, Moscheeruf. Dieses Problem stellt sich übrigens nicht nur denjenigen, die den nationalen Leitkulturgedanken einklagen, sondern auch denjenigen, die eine Leitkultur mit einer »Europäischen Werteordnung« verbinden. Angesichts des weiten Spielraums, den die Normen von Gleichheit, Freiheit und Brüderlichkeit lassen, und der unterschiedlichen Ausprägung, die sie innerhalb Europas gefunden haben, lässt sich schwer begründen, warum etwa der Kampf der jungen »Kopftuchfrauen« gegen den Patriarchalismus in ihren Gemeinden nicht mit dieser Tradition vereinbar sein soll. Auch diese Vertreter der Europäischen Werteordnung landen schließlich, wenn sie konkret werden sollen, bei einem Katalog von Negativsymbolen, der sich nur noch in Kleinigkeiten von dem der Vertreter der nationalen Leitkultur unterscheidet. Weil nicht positiv begründet werden kann, warum gerade die islamische Praxis nicht in dem weiten Spektrum der europäischen Kulturen Raum haben soll, wirken diese Forderungen beliebig und als Nötigung. Vage Anpassungsforderungen produzieren eher das Gegenteil als das, was von ihnen erwartet wird, nämlich eine sekundäre Kulturalisierung. Die Frage tritt auf: Was wollen sie eigentlich? Ist es nicht genug, was wir getan haben? Wo ist Schluss mit den Anpassungsforderungen?

Hinzu kommt, dass das Anliegen, ein über die Gesetze hinausgehendes »Mehr« einzufordern, prinzipiell mit den verfassungsmäßig garantierten Rechten kollidiert. Nicht zuletzt deshalb werden insbesondere die Versuche, den Leitkulturgedanken über Zusatzvereinbarungen – etwa über die Unterschrift zu einem Schulvertrag über den Verzicht auf das Kopftuch – als diskriminierend erlebt. Von einem Teil der Bevölkerung wird im Namen der Anpassung an die Leitkultur ein Verzicht auf die ihm verfassungsmäßig zustehenden Rechte erwartet und dementsprechend Druck ausgeübt. Damit wird automatisch signalisiert, dass es zwei Arten von Recht gibt. Und es wird auf eines der wirksamsten Instrumente der Integration verzichtet – nämlich auf das Versprechen der Würde, die mit dem Gedanken der Gleichheit im Rechtsstaat verbunden ist.

Aus all diesen Gründen ist der Gedanke einer einzufordernden Leitkultur kontraproduktiv: Er wird nicht das »Ja« zur Gesellschaft herbeiführen, sondern das Gefühl von grundsätzlicher Distanz. Gerade wenn man den Gedanken teilt, dass Kultur eine wichtige Rolle für den Integrationsprozess und für den gesellschaftlichen Zusammenhalt spielt, ist man gut beraten, den Gedanken der Leitkultur aufzugeben und ihn durch den Gedanken der kulturellen Vernetzung zu ersetzen, der in jeder Hinsicht einer offenen und freiheitlichen Gesellschaft angemessener ist. Anders als der Gedanke der Leitkultur erlaubt er den Zuwanderern mit geradem Rückgrat zu einem Teil der bundesrepublikanischen Gesellschaft zu werden – und die entsprechenden Loyalitäten aufzubauen.

Literatur

Abgeordnetenhaus 1998, Plenarprotokoll, Pl 13/47. 25.6.1998.

Agai, B. (2004): *Zwischen Netzwerk und Diskurs. Das Bildungsnetzwerk um Fethullah Gülen (geb. 1938): Die flexible Umsetzung modernen islamischen Gedankenguts.* Schenefeld, EB Verlag.

Banfield, E. C. (1967): *The moral basis of a backward society.* New York, Free Press.

Beckstein, G. (2007): Rede anlässlich des »Dies academicus« der Universität Passau am 9. Mai 2007 in Passau. www.stmi.bayern.de/imperia/md/content/stmi/service/reden/0705099_politik.pdf

Berger, P. L./Luckmann, T. (1996): *The social construction of reality. A treatise in the sociology of knowledge.* Harmondsworth, Penguin.

Bhabha, H. K. (1999): *The Postcolonial and the Postmodern. The Location of Culture.* London/New York, Routledge: 171-197.

Bloch, E. (1935/1985): *Erbschaft dieser Zeit.* Frankfurt a.M., Suhrkamp.

Bourdieu, P. (1982): *Die feinen Unterschiede. Kritik der gesellschaftlichen Urteilskraft.* Frankfurt a.M., Suhrkamp.

Bozkurt, E. (2007): *Conceptualising ›home‹ across three generations and gender: Living circumstances and life histories of Turkish people in Germany.* Dissertation. Fakultät für Sozial- und Geisteswissenschaften. Bremen, Universität Bremen.

Brettfeld, K./Wetzels, P. (2007): *Muslime in Deutschland. Integration, Integrationsbarrieren, Religion und Einstellungen zu Demokratie, Rechtsstaat und politisch-religiös motivierter Gewalt. Ergebnisse von Befragungen im Rahmen einer multizentrischen Studie in städtischen Lebensräumen.* Hamburg, Universität Hamburg.

Broder, H.: *Die Opferlüge.* Cicero. www.cicero.de/97.php?ress_id=4&item=1287

Connolly, W. (2005): *Pluralism.* Durham/London, Duke University Press.

Dubet, F./Lapeyronnie, D. (1994): *Im Aus der Vorstädte. Der Zerfall der demokratischen Gesellschaft.* Stuttgart, Klett-Cotta.

Elias, N. (1970): *Was ist Soziologie?* München, Juventa Verlag.

Elias, N. (1984): *Über die Zeit.* Frankfurt a.M., Suhrkamp.

Esser, H. (1980): *Aspekte der Wanderungssoziologie. Assimilation und Integration von Wanderern, ethnischen Gruppen und Minderheiten.* Darmstadt/Newied, Luchterhand.

Friedman, J. (1999): Concept for the Conference: *Globalization and Cultural Security: Migration and Negotiations of Identity.* The House of World Cultures Berlin and the Toda Institute for Global Peace and Policy Research. 14.-17. Oktober 1999, House of World Cultures Berlin.

Gellner, E. (1991): *Nationalismus und Moderne.* Berlin, Rotbuch.

Gençel, A. (2003): *Images of Islam in Diaspora.* Masterarbeit am Lehrstuhl Vergleichende Kultur- und Sozialwissenschaften. Europa-Universität Viadrina, Frankfurt/Oder.

Genge, J./Jurtzka, I. (2006): *Ausschluss oder Teilhabe. Rechtliche Rahmenbedingungen für Geduldete und Asylsuchende – Ein Leitfaden.* Berlin, Der Beauftragte des Senats von Berlin für Integration und Migration. www.berlin.de/imperia/md/content/lb-integration-migration/publikationen/beitraege/ausschluss_oder_teilhabe.pdf

Gilmore, D. D. (Hg.) (1987): *Honor and Shame and the Unity of the Mediterranean.* Washington, American Anthropological Association.

Greve, M. (2003): *Die Musik der imaginären Türkei.* Stuttgart, Metzler.

Habermas, J. (2005): »Equal Treatment of Cultures and the Limits of Postmodern Liberalism«. In: *The Journal of Political Philosophy* 13(1): 1-28.

Hannerz, U. (1980): *Exploring the City. Inquiries Toward an Urban Anthropology*. New York, Columbia University Press.

Hirschman, A. O. (1970): *Exit, Voice and Loyalty. Responses to Decline in Firms, Organizations and States*. Cambridge MA, Harvard University Press.

Hughes, E. C. (1961): *Students' Culture and Perspectives*. Lawrence, University of Kansas Lawschool.

Hoffmann, E. (1989): *Ankommen in der Fremde. Lost in translation*. Frankfurt a.M., Fischer Taschenbuch Verlag.

IfS and S.T.E.R.N. (1998): *Sozialorientierte Stadtentwicklung*. Gutachten im Auftrag der Senatsverwaltung für Stadtentwicklung, Umweltschutz und Technologie. Berlin.

IGMG Nordholland (Hg.) (2001): *Gençlerle Ebenveynlere Sorularla İş aretler* (Fragen und Hinweise für Jugendliche und ihre Eltern). Rotterdam, IGMG.

Islamische Gemeinschaft Milli Görüş (o.J.): *Selbstdarstellung*. Kerpen, IGMG.

Jonker, G. (2002): *Eine Wellenlänge zu Gott: Der Verband der islamischen Kulturzentren in Europa*. Bielefeld, transcript.

Jonker, G. (2006a): »The Generational Change in Milli Görüsh and Jamaatunnur. Religious Responses to the German Security Frame after 9/11«. In: *Strategies of Visibility of young Muslims in European Public Spaces*. Jonker, G./Amiraux, V. Bielefeld, transcript.

Jonker, G. (2006b): Arbeitspapier im Rahmen des Ethnobarometer-Projekts: Europe's Muslim Communities: Security and Integration after 11 September (unveröffentlicht).

Kadaré, I. (1989): *Der zerrissene April*. Salzburg, Residenz Verlag.

Kaya, A. (2001): »Sicher in Kreuzberg«. In: *Constructing diasporas: Turkish hip-hop youth in Berlin*. Bielefeld, transcript.

Kaya, V. (2007): Türkischer HipHop in Berlin und Istanbul. Vortrag im Forschungskolloquium des Lehrstuhls Vergleichende Kultur- und Sozialanthropologie, Europa Universität Viadrina Frankfurt/Oder. Sommersemester 2007.

Kelek, N. (2005): *Die fremde Braut. Ein Bericht aus dem Inneren des türkischen Lebens in Deutschland.* Köln, Kiepenheuer & Witsch.

Kelek, N. (2006): *Die verlorenen Söhne. Plädoyer für die Befreiung des türkisch-muslimischen Mannes.* Köln, Kiepenheuer & Witsch.

Kepel, G. (1996): *Allah im Westen. Die Demokratie und die islamische Herausforderung.* München/Zürich, Piper.

Klinkhammer, G. (2000): *Moderne Formen islamischer Lebensführung.* Marburg, Diagonal.

Lammert, N. (2007): »Wir sind wir«. In: *Süddeutsche Zeitung* (293): 20.12.2007: 15.

Landesamt für Verfassungsschutz Baden-Württemberg. *Verfassungsschutzbericht Baden-Württemberg 2004.* Stuttgart 2005

Landesamt für Verfassungsschutz Baden-Württemberg. *Verfassungsschutzbericht Baden-Württemberg 2006.* Stuttgart 2007

Landesplanungsausschuss der Gemeinsamen Landesplanung Hamburg/Niedersachsen/Schleswig-Holstein 2003: metropolregion hamburg. 2.2003. http://static.hamburg.de/bilder pool/metropolregion/newsletter_2_2003.pdf

Lanz, S. (2007): *Berlin aufgemischt: abendländisch – multikulturell – kosmopolitisch? Die politische Konstruktion einer Einwanderungsstadt.* Bielefeld, transcript.

Lau, J. (2005): »Wie eine Deutsche«. In: *DIE ZEIT* Nr. 9 vom 24.2.2005. Hamburg. www.zeit.de/2005/09/Hatin_S_9fr_9fc_9f_09

Lindner, R. (1999): »Drei Arten ›Stadtkultur‹ zu verstehen«. In: *IFK-news* (1/99): 27-28.

Luhmann, N. (1968/1989): *Vertrauen. Ein Mechanismus der Reduktion sozialer Komplexität.* Stuttgart, Enke.

Mahmood, S. (2001): »Feminist Theory, Embodiment and the Docile Agent. Some Reflections on the Egyptian Islamic Revival«. In: *Cultural Anthropology* 6(2): 202-236.

Mannitz, S. (2006): *Die verkannte Integration. Eine Langzeitstudie unter Heranwachsenden aus Immigrantenfamilien.* Bielefeld, transcript.

Mecheril, P. (2003): *Prekäre Verhältnisse. Über natio-ethno-kulturelle Mehrfach-Zugehörigkeit.* Münster/New York/München/Berlin, Waxmann.

Meng, F. (2004): *Islam(ist)ische Orientierungen und gesellschaftliche Integration in der zweiten Migrantengeneration – Eine Transparenzstudie.* Bremen, Akademie für Arbeit und Politik der Universität Bremen.

Meyer, T. (2002): »Parallelgesellschaft und Demokratie«. In: Weil, R. (Hg.) *Die Bürgergesellschaft. Perspektiven für Bürgerbeteiligung und Kommunikation.* Bonn 2002, J.H.W. Dietz: 343-372.

Mommsen, K. (2001): *Goethe und der Islam.* Herausgegeben von Peter Anton von Arnim, Frankfurt a.M., Insel Verlag.

Mosler, P. (2005): »›Wir müssen aufpassen, dass uns diese Stadtteile nicht auseinander fliegen!‹. Desintegration, Verslumung und Verbrechen im Namen der Ehre«. In: *Kommune* 23(1): 16-19.

Nassehi, A. (1997): »Inklusion, Exklusion, Integration, Desintegration. Die Theorie funktionaler Differenzierung und die Desintegrationshypothese«. In: Heitmeyer, W. (Hg.) *Was hält die Gesellschaft zusammen? Bundesrepublik Deutschland: Auf dem Weg von der Konsens- zur Konfliktgesellschaft.* Frankfurt a.M., Suhrkamp: 113-148.

Nökel, S. (2002): *Die Töchter der Gastarbeiter und der Islam. Zur Soziologie altagsweltlicher Anerkennungspolitiken. Eine Fallstudie.* Bielefeld, transcript.

Offe, C. (1998): »How can we trust our fellow citizens?« In: Warren, M.E. (Hg.) *Democracy and Trust.* Cambridge, Cambridge University Press: 43-87.

Peristiany, J. G. (1966): *Honour and Shame: The Values of Mediterranean Society.* Chicago, Chicago University Press.

Pfeiffer, C. (2005): »Friedlich nach innen – die Faust dem Fremden. Eine neue Untersuchung zur Jugendgewalt zeigt Positives und Bedrohliches«. www.kfn.de/versions/kfn/assets/jugendgewalt101105.pdf

Pfeiffer, C./Wetzels, P. (2000): »Junge Türken als Täter und Opfer von Gewalt«. www.kfn.de/tuerkfaz1. shtml (gesehen am 24.3. 2005)

Rawls, J. (1993): *Political Liberalism.* New York, Columiba University Press.

Salentin, K. (2004): »Ziehen sich Migranten in ›ethnische Kolonien‹ zurück?« In: Bade, K.J./Bommes, M./Rainer, M.

(Hg.) *Migrationsreport 2004. Fakten – Analysen – Perspektiven.* Frankfurt a.M., Campus: 97-116.

Schiffauer, W. (1983): *Die Gewalt der Ehre. Erklärungen zu einem türkisch-deutschen Sexualkonflikt.* Frankfurt a.M., Suhrkamp.

Schiffauer, W. (1991): *Die Migranten aus Subay. Türken in Deutschland: Eine Ethnographie.* Stuttgart, Klett-Cotta.

Schiffauer, W (2000): *Die Gottesmänner. Türkische Islamisten in Deutschland. Eine Studie zur Herstellung religiöser Evidenz.* Frankfurt a.M., Suhrkamp.

Schiffauer, W. (2002): *Migration und kulturelle Differenz.* Berlin, Ausländerbeauftragte des Senats.

Schiffauer, W. et al. (2002): *Staat-Schule-Ethnizität. Interkulturelle Bildungsforschung.* Münster, Waxmann Verlag.

Schiffauer, W. (2004): »Die Islamische Gemeinschaft Milli Görüs – ein Lehrstück zum verwickelten Zusammenhang von Migration, Religion und sozialer Integration«. In: Bade, K. J./Bommes, M./Münz, R. (Hg.) *Migrationsreport 2004. Fakten – Analysen – Perspektiven.* Frankfurt a.M./New York, Campus Verlag: 67-96.

Schiffauer, W. (2006): »Verwaltete Sicherheit – Präventionspolitik und Integration«. In: Bade, K. J./Bommes, M./Münz, R. (Hg.) *Migrationsreport 2006. Fakten – Analysen – Perspektiven.* Bommes, M./Schiffauer, W. Frankfurt a.M./New York, Campus Verlag: 113-164.

Schmidt-Hornstein, C. (1995): *Das Dilemma der Einbürgerung. Porträts türkischer Akademiker.* Opladen, Leske + Budrich.

Schmitt, C. (1932/1963): *Der Begriff des Politischen.* Berlin, Duncker & Humblot.

Smith, Z. (2000): *White Teeth.* London, Penguin.

Sutterlüty, F. (2003): *Gewaltkarrieren.* Frankfurt a.M., Campus.

Tertilt, H. (1996): *Turkish Power Boys. Ethnographie einer Jugendbande.* Frankfurt a.M., Suhrkamp.

Thompson, E. P. (1987): *Die Entstehung der Englischen Arbeiterklasse.* Frankfurt a.M., Suhrkamp.

Tietze, N. (2001): *Islamische Identitäten. Formen muslimischer Religiosität junger Männer in Deutschland und Frankreich.* Hamburg, Hamburger Edition HIS.

Troeltsch, E. (1977): *Die Soziallehren der christlichen Kirchen und Gruppen.* Aalen, Scientia Verlag.

Walter, F. (2006): »Mangelt es an ›Parallelgesellschaften‹?« In: *SPIEGEL ONLINE* (www.spiegel.de/politik/debatte 0,1518, 421967,00.html)

Wittgenstein, L. (1958/1971): *Philosophische Untersuchungen*. Frankfurt a.M., Suhrkamp.

Übersicht über die geführten Interviews

Abdulgani, K.: Interview mit dem Verfasser in Köln am 22.3. 2007

Abdulkerim, S.: Interview mit dem Verfasser in Bremen am 26.9. 2003

Ayşe, K.: Interview mit dem Verfasser in Bonn am 20.2.2007

Belgin, D.: Interview mit Aylın Gençel in Berlin am 10.3.2003

IGMG-Frauenvereinigung: Interview mit dem Verfasser in Kerpen am 23.9.2002

Kaynar, F.: Interview mit dem Verfasser in Berlin am 20.5. 1996

Kaynar, A.: Interview mit dem Verfasser in Berlin am 23.5.1996

Kaynar, A.: Polizeiliche Vernehmung in Berlin am 26.12.1995

Teilnehmer der IGMG-Sommerschule Erlacher Höhe, Interview mit dem Verfasser in Kleinerlach am 18.8.2003

Teilnehmer der IGMG-Sommerschule Lichtenstein, Interview mit dem Verfasser in Lichtenstein am 19.8.2003

Yıldız, S.: Interview in Kerpen am 20.9.2003

Danksagung

Ich möchte mich an dieser Stelle zunächst bei meinen zahlreichen Gesprächspartnern in den islamischen Gemeinden bedanken. Von allen, die zu dem Buch beigetragen haben, möchte ich drei Personen besonders hervorheben: Meine Frau Julia, die mich immer wieder ermutigt und unterstützt hat; Bernard Christophe, der das Manuskript durchgesehen hat und dessen wertvollen Anregungen es viel verdankt, und Roland Eckert, mit dem ich mich beim Verfassen des Buchs in einem inneren Dialog befand.

X-Texte

Karl-Heinrich Bette,
Uwe Schimank
Die Dopingfalle
Soziologische Betrachtungen
2006, 276 Seiten,
kart., 26,80 €,
ISBN: 978-3-89942-537-6

Thomas Hecken
Avantgarde und Terrorismus
Rhetorik der Intensität und Programme der Revolte von den Futuristen bis zur RAF
2006, 162 Seiten,
kart., 16,80 €,
ISBN: 978-3-89942-500-0

Werner Rügemer (Hg.)
Die Berater
Ihr Wirken in Staat und Gesellschaft
2004, 246 Seiten,
kart., 21,80 €,
ISBN: 978-3-89942-259-7

Volker Heins, Jens Warburg
Kampf der Zivilisten
Militär und Gesellschaft im Wandel
2004, 164 Seiten,
kart., 16,80 €,
ISBN: 978-3-89942-245-0

Peter Fuchs
Das System »Terror«
Versuch über eine kommunikative Eskalation der Moderne
2004, 120 Seiten,
kart., 13,80 €,
ISBN: 978-3-89942-247-4

Gunter Gebauer,
Thomas Alkemeyer,
Bernhard Boschert,
Uwe Flick,
Robert Schmidt
Treue zum Stil
Die aufgeführte Gesellschaft
2004, 148 Seiten,
kart., 12,80 €,
ISBN: 978-3-89942-205-4

Thomas Lemke
Veranlagung und Verantwortung
Genetische Diagnostik zwischen Selbstbestimmung und Schicksal
2004, 140 Seiten,
kart., mit Glossar, 14,80 €,
ISBN: 978-3-89942-202-3

Karl-Heinrich Bette
X-treme
Zur Soziologie des Abenteuer- und Risikosports
2004, 158 Seiten,
kart., 14,80 €,
ISBN: 978-3-89942-204-7

Volkhard Krech
Götterdämmerung
Auf der Suche nach Religion
2003, 112 Seiten,
kart., 12,80 €,
ISBN: 978-3-89942-100-2